German Short Stories for Beginners + Audio

Improve your reading and listening skills in German

By My Daily German

Contents

Introduction v

Mein Deutschkurs – My German Class 1
   Zusammenfassung 9
   Summary 9
   Fragen 11
   Richtige Antworten 11
   Translation 12

Raus In Die Natur – A Stroll Through Nature 20
   Zusammenfassung 33
   Summary 33
   Fragen 34
   Translation 35

Unsere Erde - Planet Earth 47
   Zusammenfassung 61
   Summary 61
   Fragen 62
   Translation 63

Ein Besuch in Heidelberg – A Visit to Heidelberg 74
   Zusammenfassung 87
   Summary 87
   Fragen 88
   Translation 89

Im Restaurant - At The Restaurant 100
   Zusammenfassung 113
   Summary 114

    Fragen 115
    Translation 116
Hausarbeit – Household Chores **128**
    Zusammenfassung 141
    Summary 141
    Fragen 142
    Translation 143
Am Bahnhof – At The Train Station **153**
    Zusammenfassung 160
    Summary 160
    Fragen 162
    Translation 163
Selbstversorger – A Self-Sufficient Man **173**
    Zusammenfassung 180
    Summary 180
    Fragen 182
    Translation 183
Auf Den Hund Gekommen – Going To The Dogs **191**
    Zusammenfassung 199
    Summary 200
    Fragen 201
    Translation 202
Ein Abenteuerlicher Urlaubstag – A Holiday Adventure **211**
    Zusammenfassung 220
    Summary 220
    Fragen 222
    Translation 223
Conclusion **231**
Instructions for Using the Audio **232**

Introduction

Reading is an entertaining and truly effective way to learn a new language. It is also the key to building better and more natural-sounding sentences. The problem is, when you are starting out with a new language, it can be difficult to look for suitable reading materials. Either you drown in a sea of vocabulary you do not understand, or you get lost in lengthy narratives that make your eyes water and your attention wander. Both can render the entire activity useless and a total waste of time.

Some people suggest starting out with children's books. But is it really effective? Children's books contain choice vocabulary and expressions specifically selected for children. Its themes may not be relevant to an adult learner's daily life.

There are also books that are written in parallel text. However, such books have a tendency to allow readers to choose the easier option; they therefore gravitate towards the English text instead of reading the story in German.

What This Book is About

So, this book is not a lengthy narrative and it's not a children's book. It's also not written in parallel text. *So, what exactly is it?*

Instead of the afore-mentioned texts, this book strives to embed effective learning aids directly into the material. You will have audio that you can listen to so you can follow along with the pronunciation. You will have a German and an English glossary within the stories, so there will be no need for a dictionary to help you with words you do not understand. You can practice your writing by coming up with your own words to sum up your understanding of the story, and then you can compare it with the summary provided after each story.

The Stories

This book contains a total of ten short stories that revolve around daily themes. The stories are short enough to hold your attention (1,500 words in length), but long enough to make you feel a sense of accomplishment and progress after finishing each one.

You will find that the stories are written using a varied, useful vocabulary and a diverse grammar structure. The combination of dialogue and descriptions are carefully selected to suit beginner to low-intermediate level learners. This will benefit your comprehension for both written and oral communication and will help you in the day-to-day activities, whether you are reading newspapers or trying to understand daily lingo spoken on the street.

How to Use This Book

The stories are short enough to read in one sitting, so read the story from beginning to end. If the passages contain words that are difficult for you to understand, you can find them in the glossary throughout the text. After reading the story for the first time, you can then listen to the audio while following along with the text to enhance your listening skills and hone your pronunciation.

How Can You Download the Audio?

On the last page of this book, you will find the link which enables you to download the MP3 files that accompany this book. Save the files onto any device and listen to the stories anywhere.

Mein Deutschkurs – My German Class

IMPORTANT. THE LINK TO DOWNLOAD THE MP3 IS HERE. PAGE 232

Ich heiße Vicki (eigentlich Victoria), bin 55 Jahre alt, und ich lerne Deutsch.

Ich weiß, das hört sich etwas zu alt an um noch einmal **die Schulbank zu drücken**. Aber das stimmt nicht. Gerade wenn man älter wird, ist es toll, sein **Gehirn** noch einmal zu fordern.

Ausserdem fahre ich gern in fremde Länder. Solange man gesund ist, ist man nie zu alt zum **Reisen**, und auf Reisen ist es einfach wunderbar, wenn man die Sprache sprechen kann.

Ausserdem habe ich jetzt, da meine zwei Kinder beide aus dem Haus sind, nun **endlich** viel Zeit für mich selber.

die Schulbank drücken - *idiom*: to go to school

älter - older *(comparative of alt - old)*

Gehirn, n - brain

Reisen, n - travels, travelling

endlich - here: finally

Die Älteste ist Ärztin und wohnt schon länger allein; der Junge ist auf der Universität und letztes Jahr ins **Studentenwohnheim** gezogen. Die beiden reisen auch gern und viel.

Sie sind sehr stolz, dass ich in meinem Alter **nochmal** eine neue Sprache lerne. Darüber freue ich mich sehr und es macht mir noch mehr Spaß, zu lernen.

Vor langer Zeit hatte ich **Französisch** und Deutsch in der Schule. Damals fand ich beides schrecklich, und vor allem in Französisch war ich sehr schlecht. Mit Deutsch ging es etwas besser – man kann es besser verstehen, finde ich – aber Spaß gemacht hat es mir damals nie. Aber **die Zeiten ändern sich,** und die Menschen auch!

die Älteste - the oldest (female)

Studentenwohnheim - student dorms

nochmal - Again

Französisch - French

die Zeiten ändern sich - times change

Jetzt **genieße** ich meine Stunden mit dem **Schulbuch**. **Früher** war mir das Vokabeln lernen viel zu **anstrengend**, und beide Lehrer, sowohl für Französisch als auch für Deutsch, fand ich schrecklich. **Langweilig** und alt waren sie. (Ha - wahrscheinlich waren beide damals noch weit unter 50. Auch das ändert sich: ab wann man jemanden alt findet.)

Die Deutschlehrerin, die ich jetzt im Kurs habe, ist viel jünger als ich, und sehr nett. Sie heisst Dorothee, aber wir nennen sie alle nur Doro. Sie hat ein Buch geschrieben; einen **Kriminalroman** auf Deutsch. Ich hoffe, ich werde eines Tages so gut sein, dass ich ihn im Original lesen kann. Ich lese **Krimis** sehr gerne.

genießen - to enjoy

Schulbuch, n - school book

früher - earlier

anstrengend - exhausting

langweilig - boring

Kriminalroman, m - crime novel, detective story, mystery novel

Krimi, m - *short for* Kriminalroman

Das Vokabeln-Lernen fällt mir immer noch schwer, aber das macht mir nichts mehr aus. Ich spreche alle neuen Wörter auf mein Telefon, und wenn ich Auto fahre oder in der **Küche** stehe, höre ich sie ab.

Die Grammatik im Deutschen ist schwer. Aber es fällt mir leichter, die **Regeln** zu lernen, als die Vokabeln zu behalten. Es ist ganz **komisch**: Ich habe Probleme, Namen und neue Wörter zu behalten. Aber Regeln kann ich ganz einfach lernen, die vergesse ich nicht. In der Mathematik auch. Doro sagt, dass jeder Mensch anders lernt. Manche können **dies** besser behalten, andere **jenes**.

Wir sind eben alle verschieden.

Küche - kitchen

Regeln - rules

komisch - funny

verschieden - different

dies - this, this here

jenes - that

Das schöne an meinem Kurs ist auch, dass ich andere Leute **kennenlerne**. Im normalen Leben **bewegt** man sich ja immer im gleichen Kreis. Alle Freunde sind **ungefähr** gleich alt und machen auch ungefähr das gleiche wie man selbst. Aber im Kurs kommen die **unterschiedlichsten** Menschen zusammen. Alle haben einen ganz verschiedenen **Hintergrund**, und alle sind unterschiedlich alt. Obwohl wir nur fünf Schüler sind, haben wir

Menschen mit Kontakten in halb Europa im Kurs – sogar jemanden aus dem Orient!

kennen lernen - to get to know

(sich) bewegen - to move, to be on the move

ungefähr - approximately

unterschiedlich - different, diverse

Hintergrund - background

Neben mir sitzt ein ganz junger Mann, Edwin. Er ist ein sehr **ernster** und **strebsamer** Mensch. Bisher habe ich mich noch nicht viel mit ihm **unterhalten**; auch mit den anderen redet er kaum. Daher weiß ich bisher fast nichts über ihn. Ich weiss nicht, nicht woher seine Eltern kommen und auch nicht, was er arbeitet. Edwin hat ständig **die Nase im Buch**, oder er guckt auf sein **Handy**. Dort hat er ein Programm zum Deutschlernen, hat er mir erzählt. Das heisst wohl „App". Anscheinend nimmt er es sehr ernst mit dem Studieren. Vielleicht auch zu ernst - mir kommt es so vor, als wolle er einen Berg **erklimmen**, nicht nur eine Sprache lernen.

ernst - serious, grave, earnest

strebsam - ambitious, striving

unterhalten - to chat

die Nase im Buch haben - *idiom:* to bury one's nose in a book

Handy - mobile phone

erklimmen - to climb, to crest

Ich finde, das Lernen muss auch **Spaß** machen. Dann geht es viel einfacher! Das habe ich ihm auch gesagt, und ich glaube, er denkt **darüber** nach. Jedenfalls hat er heute zum ersten Mal etwas Privates zu mir gesagt. Er hat zwar nur erzählt, dass er am **Wochenende** in die **Berge** fahren will, aber immerhin! Ein Anfang. Bis der Kurs zu Ende ist, werden wir uns schon noch besser kennen lernen. Wir sind eine so nette Gruppe! Edwin ist auch sehr nett und ich bin mir sicher, dass er noch etwas lockerer werden wird.

Spaß - fun

darüber - about it/that

Wochenende - weekend

Berg, m - mountain

Be cool!, will ich ihm manchmal sagen, wenn er mal wieder besonders ernst und strebsam guckt. Oder besser: Mach dich mal locker! Den Satz habe ich von einer anderen, ganz jungen **Mitstudentin** gelernt, nicht von meiner Lehrerin...

Das ist Anita, die mir den **Spruch** beigebracht hat. Deren Mutter war Deutsche, deshalb sollte sie eigentlich von ganz allein die Sprache sprechen. Aber der Vater ist Engländer, Anita ist in London **geboren**, wo sie auch ihr ganzes Leben verbracht hat, und die Mutter ist schon früh **verstorben**. Daher hat sie nur als kleines Kind Deutsch gelernt. Seit ihrem **siebten Lebensjahr** kannte sie nur noch Englisch. Ihr Deutsch hatte sie fast **vergessen**, sagt sie, aber dann ist sie auf die Idee mit dem Kurs gekommen.

Mitstudentin - fellow student (female)

Spruch - saying

geboren (sie ist geboren) - **born** (she is born)

verstorben - deceased, passed away

siebten - seventh

Lebensjahr - year of age, year of one's life

siebtes Lebensjahr - age seven

vergessen - to forget

Ein sehr guter **Gedanke**, finde ich. Es wäre sehr **schade**, wenn sie die Sprache ihrer Mutter vergessen würde. Ausserdem ist es einfach für sie, denn **immerhin** hat sie noch viel Deutsch im Kopf, auch wenn sie das meiste vergessen hat. Deshalb fällt ihr das Deutschlernen auch viel einfacher als uns anderen. Und vor allem kann sie die Wörter auch viel besser aussprechen. Uns anderen fallen manche **Laute** schrecklich schwer. Das Ü und das Ö, das SCH und das deutsche CH... Anita kommt es ganz **leicht über die Lippen** – mir leider nicht.

Gedanke - thought

schade - a pity

immerhin - after all

Laute - sounds

leicht über die Lippen kommen - *fig:* easily pass sb's lips

"Was **Hänschen** nicht lernt, lernt Hans **nimmermehr** - A tree must be bent while it is young." Den Spruch haben wir im Kurs gelernt, aber unserer Lehrerin sagt, dass er nicht **wirklich** stimmt. Denn auch der alte Hans kann noch Sprachen lernen, sagt sie, und die alte Vicki auch!

Natürlich lernt man **einfacher**, wenn man jung ist, das stimmt schon. Alte **Bäume** sind nicht mehr biegsam. Aber wenn man das Gehirn ständig trainiert, kann es bis ins hohe Alter noch Neues aufnehmen! Nur meine **Zunge** nicht – das mit den deutschen **Umlauten** wird wohl immer ein Problem für mich bleiben. Aber das macht nichts, sagt unserer Lehrerin. **Hauptsache**, man kann mich verstehen!

Hänschen - diminutive of Hans (name)

nimmermehr - never, nevermore

wirklich - really

einfacher - easier

Baum, m, Bäume - tree, m, trees

Zunge - tounge

Umlaut, m - umlaut, m

Hauptsache, f - main thing, main issue

Neben Anita sitzt Khaled. Khaled Majeed Abdul Muqsit. Ein Name wie aus *1001 Nacht*. Leider ist die **Aussprache** sehr schwer, jedenfalls für mich.

Khaled spricht man mit dem deutschen „CH" aus - Chaled. Das ist auch ein Laut, der mir schwer fällt. Als ob man etwas **im Hals stecken** hat, das nicht heraus will. Kccccchhhhh, kccchhhhhh. Aber er lacht nur, wenn ich das sage, und meint „Malesh" (Das heisst „es macht nichts" auf Arabisch, sagt er). Er ist es **gewohnt**, dass die Leute Kaled oder Haled zu ihm sagen. Das macht ihm nichts aus.

Aussprache, f - pronunciation

im Hals stecken - stuck in the throat

etwas gewohnt sein - to be accustomed (to)

Khaled kommt aus dem Oman. Er ist zum **Betriebswirtschafts**studium nach London gekommen. Aber im Oman will er im Tourismus arbeiten; seine Eltern **besitzen** ein Hotel. Der Oman ist beliebt bei Deutschen, sie reisen gern dorthin. Das Land hat viele tolle **Sehenswürdigkeiten**, jeden Tag Sonne und wunderschöne **Strände**. Das lieben die Deutschen, sagt er.

Das lieben alle, sage ich, die in kalten Ländern mit viel **Regen** leben.

Betriebswirtschaft - business management

besitzen - to own, to have

Sehenswürdigkeiten - attractions

Strand, m, pl. Strände - beach, m, pl. beaches

Regen - rain

Wegen des Hotels möchte er Deutsch lernen, damit er den Kontakt zu seinen deutschen **Reiseagenturen** verbessern kann, und zu seinen **Gästen** im Hotel. Ausserdem macht es ihm Spaß, Sprachen zu lernen. Er spricht natürlich Arabisch, aber er kann ausserdem noch **fließend** Englisch und Französisch! Das hat er schon in der Schule gelernt, schon in der ersten Klasse hatte er Englisch. Und demnächst kann er auch noch Deutsch!

Ich **beneide** ihn.... Ich kann **bisher** nur Englisch und ein wenig Französisch, das **bisschen**, was ich aus der Schule behalten habe.

Reiseagenturen - travel agencies

Gast, m, pl. Gäste - guest

fließend - fluent, fluently

beneiden - envy

bisher - so far

bisschen - little, a mite

Ich glaube, ich muss auch noch Arabisch lernen, wenn ich mit Deutsch fertig bin. Ich würde gerne in den Orient. Es hört sich **spannend** an, was Khaled von seiner **Heimat** erzählt. Aber Arabisch ist bestimmt noch schwerer als Deutsch. Deutsch kann ich **wenigstens** lesen, selbst die Worte, die ich noch nicht verstehe. Arabisch dagegen sieht schön aus, aber **leider** auch total **unverständlich**.

Ich konzentriere mich lieber erstmal auf die deutsche Sprache!

spannend - exciting

Heimat - homeland

wenigstens - at least

leider - unfortunately

unverständlich - incomprehensible

Ich komme immer **zusammen** mit einer anderen jungen Frau zum Kurs. Wir wohnen in der gleichen **Gegend** und fahren daher zusammen. Eine Woche mit ihrem Auto, eine Woche mit meinem... Sie heisst Isabella. Wir nennen sie aber nur Bella, denn genau das ist sie: eine **Schöne**! Das Wort Bella ist italienisch, genau wie unsere Isabella. Das heisst, ihre Eltern kommen aus Italien, Bella ist hier geboren. Sie hat ihren eigenen **Friseursalon**, obwohl sie noch so jung ist.

Sie hat sich in ihrem letzten Urlaub auf Mallorca in einen spanischen Mann **verliebt**.

zusammen - together

Gegend - area

Schöne, f - the beautiful one (female)

Friseursalon - hair salon

verliebt sein - to be in love

Der lebt dort, auf Mallorca, und sie möchte später auch gern dorthin **umziehen**. Als **Friseuse** kann sie ja überall arbeiten, das ist praktisch. Und wenn sie dann Deutsch sprechen kann, wird ihr das helfen. Denn es gibt fast mehr Deutsche auf Mallorca als Spanier, sagt Isabella. Manche sagen aus Spaß, dass Mallorca Deutschlands **einzige** Insel im **Mittelmeer** ist, hat sie uns erzählt. So wie Teneriffa schon fast zu **Großbritannien** gehört – zumindest in der **Urlaubssaison**. Spanisch wird sie sehr schnell lernen wenn sie dort ist, sagt sie. Es ist ja sehr ähnlich zum Italienischen.

umziehen - to relocate, to move house

Friseuse, f - hair stylist

einzig - sole, one, only

Mittelmeer - Mediterranean Sea

Großbritannien - Great Britain

Urlaubssaison, f - holiday season, vacation season

Jetzt muss ich aber doch heraus finden, warum der Edwin Deutsch lernt. Vielleicht ja auch wegen der Liebe?

Sehr spannend, so ein Sprachkurs!

Zusammenfassung

Diese Geschichte wird von Vicki erzaehlt. Sie ist schon 55 Jahre alt und drückt trotzdem nochmal die Schulbank, denn sie lernt Deutsch. Ihre Lehrerin heisst Doro und hat einen Krimi geschrieben, den Vicki eines Tages gern mal lesen will, wenn sie die deutsche Sprache gut beherrscht.

In ihrem Kurs sind ausserdem noch:

Edwin, ein ernsthafter und strebsamer junger Mann;

Anita, deren früh verstorbene Mutter eine Deutsche war;

Khaled, ein Wirtschaftstudent aus dem Oman;

und Isabella, genannt Bella, „die Schöne".

Alle haben gute Gründe, die deutsche Sprache zu lernen und viel Spass in ihrer kleinen Gruppe.

Summary

Vicki is telling this story. She is already 55 years old but back in school to learn German.

Her teacher's name is Doro. Doro wrote a German suspense novel which Vicki would like to read one day once she knows enough German.

Together with her in the course are:

- Edwin, an earnest and hardworking young man, whom Vicki does not know a lot about,

- Anita, whose mother was German but passed away early,

- Khaled, a student from Oman,

- and Isabella, called Bella "the Beautiful" from Italy.

They all have good reasons to study German and enjoy learning it in their fun little group.

Fragen

1) Wie alt ist Vicki?

    a) 35

    b) 45

    c) 50

    d) 55

2) Warum lernt Isabelle Deutsch?

    a) Weil sie in einen Deutschen verliebt ist

    b) Weil sie einen Friseursalon auf Mallorca eröffnen will

    c) Weil sie gerne reist

    d) Weil ihre Eltern ein Hotel haben

3) Aus welchem Land kommt Khaled?

    a) Kuwait

    b) Marokko

    c) Oman

    d) Er ist in England geboren

4) Warum lernt Anita Deutsch?

    a) Weil sie die Sprache ihrer Mutter wieder erlernen will

    b) Weil sie gern reist

    c) Weil sie sich in einen Deutschen verliebt hat

    d) sie einen Friseursalon auf Mallorca eröffnen will

Richtige Antworten

1) d

2) b

3) c

4) a

Translation

Ich heiße Vicki (eigentlich Victoria), bin 55 Jahre alt, und ich lerne Deutsch.

My name is Vicky (actually Victoria), I'm 55 years old and I'm learning German.

Ich weiß, das hört sich etwas zu alt an um noch einmal die Schulbank zu drücken. Aber das stimmt nicht. Gerade wenn man älter wird, ist es toll, sein Gehirn noch einmal zu fordern.

I know that sounds a little old to be going to school again. But that's not true. Especially when you get older, it's great to challenge your brain again.

Außerdem fahre ich gern in fremde Länder. Solange man gesund ist, ist man nie zu alt zum Reisen, und auf Reisen ist es einfach wunderbar, wenn man die Sprache sprechen kann.

I also like travelling to foreign countries. Provided you're healthy, you're never too old to travel, and when you're travelling it's simply wonderful to be able to speak the language.

Außerdem habe ich jetzt, da meine zwei Kinder beide aus dem Haus sind, nun endlich viel Zeit für mich selber.

Besides, now that my two children have left the house, I finally have a lot of time for myself.

Die Älteste ist Ärztin und wohnt schon länger allein; der Junge ist auf der Universität und letztes Jahr ins Studentenwohnheim gezogen. Die beiden reisen auch gern und viel.

The oldest daughter is a doctor and has been living alone for quite some time already; the boy is going to university and moved into a student dorm last year. Both of them also really like to travel.

Sie sind sehr stolz, dass ich in meinem Alter nochmal eine neue Sprache lerne. Darüber freue ich mich sehr und es macht mir noch mehr Spaß, zu lernen.

They are very proud that I'm learning a new language at my age. I am quite pleased about that and I enjoy learning even more.

Vor langer Zeit hatte ich Französisch und Deutsch in der Schule. Damals fand ich beides schrecklich, und vor allem in Französisch war ich sehr schlecht. Mit Deutsch ging es etwas besser – man kann es besser verstehen, finde ich – aber Spaß gemacht hat es mir damals nie. Aber die Zeiten ändern sich, und die Menschen auch!

A long time ago, I had both French and German classes at school. At the time, I found both terrible, and I was especially bad at French. It was slightly better with German – I think it's easier to understand – but I never enjoyed it back then. Though times change, as do people!

Jetzt genieße ich meine Stunden mit dem Schulbuch. Früher war mir das Vokabeln-Lernen viel zu anstrengend, und beide Lehrer, sowohl für Französisch als auch für Deutsch, fand ich schrecklich. Langweilig und alt waren sie. (Ha - wahrscheinlich waren beide damals noch weit unter 50. Auch das ändert sich: ab wann man jemanden alt findet.)

Now I enjoy the hours I spend with the school book. Earlier, learning vocabulary was far too exhausting for me — I disliked both my French, as well as my German teacher. They were boring and old. (Ha - both were probably still well under 50 at the time. That changes as well: the age at which you think someone is old.)

Die Deutschlehrerin, die ich jetzt im Kurs habe, ist viel jünger als ich, und sehr nett. Sie heißt Dorothee, aber wir nennen sie alle nur Doro. Sie hat ein Buch geschrieben; einen Kriminalroman auf Deutsch. Ich hoffe, ich werde eines Tages so gut sein, dass ich ihn im Original lesen kann. Ich lese Krimis sehr gerne.

The German teacher I have in class now is much younger than me and very nice. Her name is Dorothee, though we all call her Doro. She wrote a book; a crime novel in German. I hope one day I'll be able to read the original. I love reading crime stories.

Das Vokabeln-Lernen fällt mir immer noch schwer, aber das macht mir nichts mehr aus. Ich spreche alle neuen Wörter auf mein Telefon, und wenn ich Auto fahre oder in der Küche stehe, höre ich sie ab.

Learning vocabulary is still difficult, but I don't mind it anymore. I record all new words on my phone and I listen to them while I drive or when I'm in the kitchen.

Die Grammatik im Deutschen ist schwer. Aber es fällt mir leichter, die Regeln zu lernen, als die Vokabeln zu behalten. Es ist ganz komisch: Ich habe Probleme, Namen und neue Wörter zu behalten. Aber Regeln kann ich ganz einfach lernen, die vergesse ich nicht. In der Mathematik auch. Doro sagt, dass jeder Mensch anders lernt. Manche können dies besser behalten, andere jenes.

Wir sind eben alle verschieden.

Grammar in German is difficult. But, it is easier for me to learn the rules than to remember the vocabulary. It's funny: I have problems remembering names and new words. But I can learn rules very easily, I don't forget them. In maths too. Doro says that everyone learns differently. For some it's easier to remember this, for others it's easier to remember that. Everyone is different.

Das Schöne an meinem Kurs ist auch, dass ich andere Leute kennenlerne. Im normalen Leben bewegt man sich ja immer im gleichen Kreis. Alle Freunde sind ungefähr gleich alt und machen auch ungefähr das gleiche wie man selbst. Aber im Kurs kommen die unterschiedlichsten Menschen zusammen. Alle haben einen ganz verschiedenen Hintergrund, und alle sind unterschiedlich alt. Obwohl wir nur fünf Schüler sind, haben wir Menschen mit Kontakten in halb Europa im Kurs – sogar jemanden aus dem Orient!

The good thing about my course is that I get to know new people. In everyday life, you move around the same circle of friends. They're all approximately the same age and they do roughly the same things as you. But in the course such different people come together. They all have different backgrounds and different ages. Although there are only five students in class, we have people with connections to half of Europe – even someone from the Middle East!

Neben mir sitzt ein ganz junger Mann, Edwin. Er ist ein sehr ernster und strebsamer Mensch. Bisher habe ich mich noch nicht viel mit ihm unterhalten; auch mit den anderen redet er kaum. Daher weiß ich bisher fast nichts über ihn. Ich weiß nicht, nicht woher seine Eltern kommen und auch nicht, was er arbeitet. Edwin hat ständig die Nase im Buch, oder er guckt auf sein Handy. Dort hat er ein Programm zum Deutschlernen, hat er mir erzählt. Das heißt wohl „App". Anscheinend nimmt er es sehr ernst mit dem Studieren. Vielleicht auch zu ernst -

mir kommt es so vor, als wolle er einen Berg erklimmen, nicht nur eine Sprache lernen.

A young man is sitting next to me, Edwin. He is a very serious and ambitious person. I haven't chatted much with him yet: he barely speaks with the others either. That's why I almost know nothing about him. I don't know where his parents come from or what he does for work. He either has his nose buried in a book, or he's looking at his mobile phone. He told me he has a program for learning German on it. It is called an "app". He obviously takes his studies very seriously. Maybe even too seriously – it seems to me he wants to climb a mountain and not simply learn a language.

Ich finde, das Lernen muss auch Spaß machen. Dann geht es viel einfacher! Das habe ich ihm auch gesagt, und ich glaube, er denkt darüber nach. Jedenfalls hat er heute zum ersten Mal etwas Privates zu mir gesagt. Er hat zwar nur erzählt, dass er am Wochenende in die Berge fahren will, aber immerhin! Ein Anfang. Bis der Kurs zu Ende ist, werden wir uns schon noch besser kennen lernen. Wir sind eine so nette Gruppe! Edwin ist auch sehr nett und ich bin mir sicher, dass er noch etwas lockerer werden wird.

I think learning has to be fun, too. That way it's much easier! I also told him that and I think he is thinking about it. Today he told me something private for the first time. All he said was that he wants to go to the mountains on the weekend, but still! It's a start. When the course is over, we will have gotten to know each other better. We're such a nice group! Edwin is very nice too and I'm sure he will loosen up some more.

Be cool!, will ich ihm manchmal sagen, wenn er mal wieder besonders ernst und strebsam guckt. Oder besser: Mach dich mal locker! Den Satz habe ich von einer anderen, ganz jungen Mitstudentin gelernt, nicht von meiner Lehrerin...

Sometimes, when he looks particularly serious and ambitious, I want to tell him "Chill out!". Or better said: "Mach dich mal locker! (Loosen up!)" I learned this idiom from another very young fellow student, not from my teacher.

Das ist Anita, die mir den Spruch beigebracht hat. Deren Mutter war Deutsche, deshalb sollte sie eigentlich von ganz allein die Sprache sprechen. Aber der Vater ist Engländer, Anita ist in London geboren, wo sie auch ihr ganzes Leben verbracht hat, und die Mutter ist schon

früh verstorben. Daher hat sie nur als kleines Kind Deutsch gelernt. Seit ihrem siebten Lebensjahr kannte sie nur noch Englisch. Ihr Deutsch hatte sie fast vergessen, sagt sie, aber dann ist sie auf die Idee mit dem Kurs gekommen.

It's Anita who taught me this saying. Her mother was German, which is why she was supposed to be able to speak the language. But her father is an Englishman and Anita was born in London, where she spent all her life and her mother passed away very early. That's why she only learned German when she was a little child. Ever since she turned seven, she has only known English. She has forgotten almost all her German, she said, but then she had the idea to come to this course.

Ein sehr guter Gedanke, finde ich. Es wäre sehr schade, wenn sie die Sprache ihrer Mutter vergessen würde. Außerdem ist es einfach für sie, denn immerhin hat sie noch viel Deutsch im Kopf, auch wenn sie das meiste vergessen hat. Deshalb fällt ihr das Deutschlernen auch viel einfacher als uns anderen. Und vor allem kann sie die Wörter auch viel besser aussprechen. Uns anderen fallen manche Laute schrecklich schwer. Das Ü und das Ö, das SCH und das deutsche CH..... Anita kommt es ganz leicht über die Lippen – mir leider nicht.

A very good thought, I think. It would be a shame if she forgot her mother's language. Besides, it's easy for her, as she still has a lot of German in her head — even if she has forgotten most of it. That's why learning German is much easier for her than for the rest of us. And above all, she can pronounce the words much better. Some sounds are terribly difficult for us. The Ü and the Ö, the SCH and the German CH.... It rolls right off Anita's tongue – unfortunately not for me.

"Was Hänschen nicht lernt, lernt Hans nimmermehr - A tree must be bent while it is young." Den Spruch haben wir im Kurs gelernt, aber unserer Lehrerin sagt, dass er nicht wirklich stimmt. Denn auch der alte Hans kann noch Sprachen lernen, sagt sie, und die alte Vicki auch!

"Was Hänschen nicht lernt, lernt Hans nimmermehr - A tree must be bent while it's young." We learned this saying in class, but our teacher says this isn't really true. Because even old Hans can learn languages, she says, and old Vicki, too!

Natürlich lernt man einfacher, wenn man jung ist, das stimmt schon. Alte Bäume sind nicht mehr biegsam. Aber wenn man das Gehirn

ständig trainiert, kann es bis ins hohe Alter noch Neues aufnehmen! Nur meine Zunge nicht – das mit den deutschen Umlauten wird wohl immer ein Problem für mich bleiben. Aber das macht nichts, sagt unserer Lehrerin. Hauptsache, man kann mich verstehen!

Of course, it's easier to learn when you are younger, that's true. Old trees aren't flexible anymore. But if you keep training your brain, you're still able to store new things! But not my tongue – the thing with the German umlauts will always be a problem for me. Our teachers says that doesn't matter. The main thing is, people can understand me.

Neben Anita sitzt Khaled. Khaled Majeed Abdul Muqsit. Ein Name wie aus *1001 Nacht*. Leider ist die Aussprache sehr schwer, jedenfalls für mich.

Khaled is sitting next to Anita. Khaled Majeed Abdul Musqit. A name like from The Arabian Nights. Unfortunately, the pronunciation is very difficult, at least for me.

Khaled spricht man mit dem deutschen „CH" aus - Chaled. Das ist auch ein Laut, der mir schwerfällt. Als ob man etwas im Hals stecken hat, das nicht herauswill. Kcccchhhhh, kccchhhhhh. Aber er lacht nur, wenn ich das sage, und meint „Malesh" (Das heißt „es macht nichts" auf Arabisch, sagt er). Er ist es gewohnt, dass die Leute Kaled oder Haled zu ihm sagen. Das macht ihm nichts aus.

Khaled is pronounced with a German "CH"- Chaled. That is also a sound that I struggle with. It's as if you got something stuck in your throat that doesn't want to come out. Kcccchhhh, kccchhhh. But he simply laughs when I say that and says "Malesh" (that means "It doesn't matter" in Arabian, he says). He's accustomed to people calling him Kaled or Haled. It doesn't bother him.

Khaled kommt aus dem Oman. Er ist zum Betriebswirtschaftsstudium nach London gekommen. Aber im Oman will er im Tourismus arbeiten; seine Eltern besitzen ein Hotel. Der Oman ist beliebt bei Deutschen, sie reisen gern dorthin. Das Land hat viele tolle Sehenswürdigkeiten, jeden Tag Sonne und wunderschöne Strände. Das lieben die Deutschen, sagt er.

Khaled is from Oman. He came to London to study business economics. But in Oman he wants to work in the tourism sector; his parents own a hotel. Germans love Oman, they like travelling there. The country has a lot of great attractions, they get sun every day and beautiful beaches. Germans love that, he says.

Das lieben alle, sage ich, die in kalten Ländern mit viel Regen leben.

Everyone living in countries with a lot of rain would love that, I say.

Wegen des Hotels möchte er Deutsch lernen, damit er den Kontakt zu seinen deutschen Reiseagenturen verbessern kann, und zu seinen Gästen im Hotel. Außerdem macht es ihm Spaß, Sprachen zu lernen. Er spricht natürlich Arabisch, aber er kann außerdem noch fließend Englisch und Französisch! Das hat er schon in der Schule gelernt, schon in der ersten Klasse hatte er Englisch. Und demnächst kann er auch noch Deutsch!

He wants to learn German because of the hotel, so he can improve the connection to his German travel agencies and his guests in the hotel. He also loves to learn languages. He speaks Arabic of course, but he's also fluent in English and French! He learned that back in school, having English lessons as early as the first grade. And soon he will be able to speak German, too!

Ich beneide ihn.... Ich kann bisher nur Englisch und ein wenig Französisch, das bisschen, was ich aus der Schule behalten habe.

I envy him… I can only speak English and a bit of French so far, the little bit I remembered from school.

Ich glaube, ich muss auch noch Arabisch lernen, wenn ich mit Deutsch fertig bin. Ich würde gerne in den Orient. Es hört sich spannend an, was Khaled von seiner Heimat erzählt. Aber Arabisch ist bestimmt noch schwerer als Deutsch. Deutsch kann ich wenigstens lesen, selbst die Worte, die ich noch nicht verstehe. Arabisch dagegen sieht schön aus, aber leider auch total unverständlich.

I think I have to learn Arabic too, once I've finished the German course. I would love to go to the Middle East. What Khaled tells about his homeland sounds exciting. But Arabic is surely more difficult than German. At least I can read German, even the words that I don't understand. Arabic, however, looks nice but unfortunately totally incomprehensible.

Ich konzentriere mich lieber erstmal auf die deutsche Sprache!

I'd rather concentrate on the German language for now!

Ich komme immer zusammen mit einer anderen jungen Frau zum Kurs. Wir wohnen in der gleichen Gegend und fahren daher zusammen. Eine Woche mit ihrem Auto, eine Woche mit meinem... Sie heißt Isabella. Wir nennen sie aber nur Bella, denn genau das ist sie: eine Schöne!

Das Wort Bella ist italienisch, genau wie unsere Isabella. Das heißt, ihre Eltern kommen aus Italien, Bella ist hier geboren. Sie hat ihren eigenen Friseursalon, obwohl sie noch so jung ist.

I always go to class together with another young woman. We live in the same area, which is why we drive together. One week with her car, one week with mine. Her name is Isabella, but we call her Bella, because that's exactly what she is: a beauty! The word Bella is Italian, just like our Isabella. Her parents are from Italy, though Bella was born here. She has her own hair salon, even though she's so young!

Sie hat sich in ihrem letzten Urlaub auf Mallorca in einen spanischen Mann verliebt.

On her last holiday in Mallorca she fell in love with a Spanish man.

Der lebt dort, auf Mallorca, und sie möchte später auch gern dorthin umziehen. Als Friseuse kann sie ja überall arbeiten, das ist praktisch. Und wenn sie dann Deutsch sprechen kann, wird ihr das helfen. Denn es gibt fast mehr Deutsche auf Mallorca als Spanier, sagt Isabella. Manche sagen aus Spaß, dass Mallorca Deutschlands einzige Insel im Mittelmeer ist, hat sie uns erzählt. So wie Teneriffa schon fast zu Großbritannien gehört – zumindest in der Urlaubssaison. Spanisch wird sie sehr schnell lernen, wenn sie dort ist, sagt sie. Es ist ja sehr ähnlich zum Italienischen.

He lives there, in Mallorca, and later she wants to move there. As a hair stylist she can work everywhere, which is handy. And if she can speak German, that'll help her. Because there are almost more Germans on Mallorca than Spaniards, says Isabella. Some joke, that Mallorca is Germany's only island in the Mediterranean Sea, she told us. Just like Tenerife almost belongs to Great Britain – at least during the holiday season. She says she'll learn Spanish pretty quickly when she's there. It's pretty similar to Italian.

Jetzt muss ich aber doch herausfinden, warum der Edwin Deutsch lernt. Vielleicht ja auch wegen der Liebe?

Now I have to find out why Edwin is learning German. Maybe also for love?

Sehr spannend, so ein Sprachkurs!

Very exciting, what a language course!

Raus In Die Natur – A Stroll Through Nature

Herr Riedmann geht mit seinen beiden Kindern Alfred und Sara jedes zweite **Wochenende** raus in die Natur. Die drei spazieren schon **morgens** aus ihrem **Dorf** heraus. Es wird ein **sonnigerSonntag** werden.

Herr Riedmann ist **Bauer**. Seine Kinder gehen beide schon zur Schule, aber sie helfen ihm auch auf dem **Bauernhof**.

Wochendende, n. - weekend

morgens - in the morning

Dorf, n. - village

sonnig - sunny

Sonntag, m. - Sunday

Bauer, m. - farmer

Bauernhof, m. - farm

Sie gehen auf einem **Feldweg** aus dem Dorf hinaus. Sie werden an **Feldern** und **Wiesen** vorbeikommen. Dann werden sie zu einem **See** kommen und danach bald den **Wald** erreichen. Herr Riedmann und seine Kinder **beobachten** die Natur heute ganz genau.

Herr Riedmann spielt ein **Spiel** mit seinen Kindern. Wer von ihnen ein **wildes Tier entdecken** kann und es richtig **benennt**, der bekommt einen Punkt. Wer am Ende des **Ausfluges** in die Natur die meisten Punkte hat, der bekommt zwei Kugeln Eis. Der Verlierer bekommt nur eine Kugel Eis.

Feldweg, m. - field path

Felder, m. pl. - fields

Wiesen, f. pl. - meadows

See - lake

Wald - forest

beobachten - to examine/ to watch closely

Spiel - game

wildes Tier - wild animal

entdecken - to discover

benennen - to name

Ausflug - trip

Die Kinder laufen **links** und **rechts** von Herrn Riedmann. Die drei haben es nicht eilig heute. Es ist Sonntag und sie machen einen gemütlichen **Spaziergang** durch die Natur in der **Umgebung**.

links - left

rechts - right

Spaziergang, m. - a stroll

Umgebung, f. - surroundings

Rechts von dem Feldweg erstreckt sich eine **Weide**. Auf der Weide wächst grünes **Gras**. An den **Grashalmen** **glitzert** noch etwas **Tau**. **Kühe** **grasen** dort.

Auf der linken Seite ist eine große **natürliche** Wiese. Viele **Wiesenblumen** wachsen dort. Die **Blumen** haben ganz verschiedene **Farben**. Es gibt **gelben Löwenzahn**, **roten Mohn** und ganz viel **weißen** und **violetten** **Klee**.

Auf der Wiese stehen auch ein paar **Apfelbäume**. Sie tragen schon kleine, noch **unreife** Äpfel.

Weide, f. - pasture

Gras, n. - grass

Grashalm, m. - blade of grasss

glitzern - to sparkle

Tau, m. - dew

Kühe, f. pl. - cows

grasen - to graze

natürlich - natural

Blume, f. - flower

Wiesenblumen, f. pl. - flowers of a meadow

Farben, f. pl. - colors

gelber Löwenzahn, m. - yellow dandelion

roter Mohn, m. - red poppy

weiß - white

violetter Klee, m. - violet clover

Apfelbäume, m. pl. - apple le tree

unreif - unripe

"Da ein **Schmetterling**", ruft Sara und deutet auf einen weißen Schmetterling, der über die Wiese **flattert**.

„Sehr gut", sagt Herr Riedmann. „Du bekommst den ersten Punkt, Sara."

„Und ich bekomme gleich noch einen", sagt Sara. „Da ist eine **Biene**." Sara **zeigt** auf ein gelb und **schwarz** gestreiftes **Insekt** welches auf einer Blume sitzt.

„Das ist gar keine Biene", meint Alfred. „Das ist eine **Wespe. Geh nicht zu dicht ran!**"

Herr Riedmann schaut sich das Tier auf der Blume an und sagt dann: „Alfred hat recht. Das ist eine Wespe. Wespen **stechen** schneller zu als Bienen."

Sara geht einen Schritt zurück. „Dann ist es besser, wenn ich **Abstand** zur Wespe halte." Die Wespe fliegt über die Wiese davon.

„Das ist nicht nur bei Wespen so. Bei allen wilden Tieren ist es besser, nicht zu dicht ran zu gehen. Man kann sie sich von der **Ferne** anschauen. So **stört** man sie nicht."

„Bekomme ich den Punkt für die Wespe?" fragt Alfed.

Schmetterling, m. - butterfly

flattern - to flutter

Biene, f. - bee

zeigen - to show/to point out

schwarz - black

Insekt, n. - insect

Wespe, f. - wasp

Gehe nicht zu dicht ran! - Do not go too close!

stechen - to sting

Abstand, m. - distance

Ferne, f. - distance

stören - to disturb

"Ja. Du hast die Wespe richtig erkannt, Alfred. Du bekommst den Punkt."

Alfred freut sich. Beide Kinder **schauen** sich um.

„Dahinten", sagt Alfred nach einer **Weile** und deutet auf ein Feld weiter weg. „Da ist ein **Hase**!" Er **deutet** mit dem **Finger** in die **Richtung**.

Herr Riedmann schaut, Sara schaut, beide **sehen** den Hasen nicht.

„Da, rechts von dem kleinen **Busch**." sagt Alfred.

„Ah ja. Ich sehe ihn jetzt", sagt Herr Riedmann. „Du hast sehr gute **Augen** Alfred. Da ist tatsächlich ein Hase, direkt neben dem Busch. Kannst Du ihn sehen, Sara?"

„Ja, jetzt sehe ich den Hasen auch. Alfred bekommt einen Punkt", sagt Sara.

schauen - to look/ to watch

Weile, f. - while

Hase, m. - hare

deuten - to point out

Finger, m. - finger

Richtung, f. - direction

Busch, m. - bush

Augen, n. pl. - eyes

Die drei gehen weiter. Fast zeitgleich zeigen die beiden **Geschwister** auf den Feldweg vor sich.

„Da, eine **Eidechse**." sagen sie und bleiben **still** stehen, um das kleine Tier nicht zu **verscheuchen**. Herr Riedmann bleibt auch stehen.

Nur ein paar Meter vor ihnen liegt eine Eidechse auf dem Weg und **sonnt** sich.

Alle drei schauen sich die Eidechse eine Weile an.

Herr Riedmann sagt: „Dafür bekommt ihr beide einen Punkt." Nach einer Weile gehen die drei langsam weiter.

Die Eidechse **huscht** in das Gras am **Wegesrand** und ist **verschwunden**.

Geschwister, pl. - siblings

Eidechse, f. - lizard

still - stand still, silently

verscheuchen - to chase someone/something off

sonnen - to bask in the sun

huschen - to scurry

Wegesrand, m. - wayside

verschwinden - to disappear

Ein paar Meter weiter **raschelt** es am Wegesrand.

Sara geht **vorsichtig** näher heran, um nach der Eidechse zu schauen.

Doch sie findet ein größeres Tier dort. Ein Tier mit **Stacheln** auf dem **Rücken**.

„Schaut hier", sagt Sara. „Hier ist ein **Igel**." Alfred und Herr Riedmann kommen heran, um den Igel zu betrachten. Der Igel läuft nicht weg. Stattdessen **rollt** er sich zu einer **Kugel** zusammen, so das nur noch Stacheln zu sehen sind.

„Ich habe schon 3 Punkte", sagt Sara. Alfred sagt: „Ich habe auch 3 Punkte."

„**Gleichstand**", sagt Herr Riebmann. „Mal schauen was wir an dem See da vorne für Tiere sehen.

rascheln - to rustle

vorsichtig - carefully

Stacheln, m. pl. - spikes

Rücken, m. - back

Igel, m. - hedgehog

rollen - to roll

Kugel, f. - ball

Gleichstand, m. - tie

Bevor die drei den nahen Wald erreichen, gelangen sie an einen See. Manchmal gehen Sara und Alfred in dem See **schwimmen**, wenn es sehr **warm** ist. Es gibt einen winzigen **Strand** am See. Dort baden zu gehen ist fast wie am **Meer**. Heute gehen die Kinder aber nicht **baden**.

Es gibt einen **Steg**.

Ein **Angler** steht auf dem Steg und versucht **Fische** zu fangen.

„Einen schönen Sonntag, Herr Müller", sagt Herr Riedmann.

„Das wünsche ich Ihnen auch, Herr Riedmann", grüßt der Angler zurück.

„Haben Sie schon einen Fisch gefangen?"

„Nein. Bis jetzt noch nicht", sagt der Angler und **schüttelt** den Kopf, „Sie gehen mit ihren Kindern **spazieren**?"

„Ja", sagt Herr Riedmann. „Wir gehen raus in die Natur. Die **frische Luft** ist gut für die **Gesundheit**."

schwimmen - to swim

warm - warm

Strand, m. - beach

Meer, n. - the sea --> (lake - See / sea - Meer !)

baden - to bathe

Steg, m. - jetty

Angler, m./f. - fisher

Fische, m. pl. - fish

schütteln - to shake

spazieren - to take a stroll

frische Luft, f. - fresh air

Gesundheit, f. - health

Ein kleiner **Wasserfall** speist den See.

Das Wasser **sprudelt** über **Steine** in den See.

Es sind einige **Wasservögel** auf dem See zu sehen.

Die Kinder **sprudeln** los:

Alfred ruft: „Da ist eine **Ente**. Und noch eine Ente. Ganz viele Enten sind da. Und da ist ein weißer **Schwan**."

Er holt altes **Brot** aus der Tasche und **füttert** die Enten und den Schwan damit.

Sara sagt: „Ich kann am anderen **Ufer** einen **Reiher** sehen. Und da oben, im **Himmelkreist** ein **Seeadler**", sagt sie **fasziniert**.

„Wir haben heute echt **Glück**", sagt Herr Riedmann und schaut nach dem Seeadler, „Seeadler sind **selten** hier... Ihr bekommt beide 2 Punkte."

Wasserfall, m. - waterfall

sprudeln - to gush / to sputter

(usually water, but can be used when someone talks fast)

Stein, m. - stone

Wasservögel, m. pl. - waterfowl

Ente, f. - duck

Schwan, m. - swan

Brot, n. - bread

füttern - to feed

Ufer, n. - shore

Reiher, m. - heron

Himmel, m. - sky

kreisen - to circle

Seeadler, m. - sea eagle

faszinieren - to fascinate

Glück, n. - luck

selten - rare

Die drei spazieren weiter am See entlang. Sie kommen an einem Stück vorbei, wo **Schilf** wächst. Man kann ein «Quak, Quak» aus dem Schilf heraus hören. «Da ist ein **Frosch** im Schilf", sagt Sara.

Vorsichtig gehen die Kinder näher an das Schilf heran. Doch bevor sie den Frosch sehen können **taucht** dieser unter. Die Kinder **suchen** noch etwas. Aber der Frosch taucht nicht wieder auf.

Sie laufen weiter am See entlang, bis sie am Wasserfall vorbei kommen. Von da führt ein schmaler **Bach** neben dem Weg her in Richtung Wald.

In dem Bach sind viele runde **Kieselsteine** zu sehen. An einer Stelle ist ein kleiner **Damm** aus Ästen gebaut.

Schilf, n. - reed

Frosch, m. - frog

tauchen - to dive

suchen - to search

Bach, m. - brook

Kieselstein, m. - pebble stone

Damm, m. - dam

Äste, m. pl. - branches

Es ist schon **Mittag,** als die drei in den Wald kommen.

Im Wald ist es etwas **dunkler** und **kühler**. Die **Luft** hier ist gut.

Am Anfang laufen die drei durch einen **Laubwald**. Es wachsen **Laubbäume** hier, **mächtige Eichen** und **Buchen**.

Moos und alte **Blätter** bedecken den Boden zwischen den **Wurzeln** der **Bäume**.

„Könnt ihr hier auch Tiere entdecken?" fragt Herr Riedmann.

Die Kinder schauen gespannt in den Wald. Doch die Tiere des Waldes sind **scheu**. Es ist nicht leicht, sie zu entdecken.

Mittag, m. - midday

dunkler - darker

kühler - colder

Luft, f. - air

Laubwald, m. - deciduous forest

mächtig - mighty

Eiche, f. - oaks

Buche, f. - beaches

Moos, n. - moss

Blätter, n. pl. - leaves

Wurzeln, f. pl. - roots

Bäume, m. pl. - trees

scheu - shy

Eine ganze Weile spazieren die drei auf dem **Waldweg** entlang, bis Sara sagt: „Da, zwischen den beiden großen Bäumen. Ich glaube da ist ein **Hirsch**."

Alle bleiben stehen und sind ganz **leise**, um das Tier nicht zu verscheuchen.

„Ja", **flüstert** Herr Riedmann. „Das ist tatsächlich ein Hirsch. Mit einem großen **Geweih**." Der Hirsch steht ganz still.

„Wo?" fragt Alfred etwas lauter.

Der Hirsch schaut auf und **spitzt** die **Ohren**. Und schon läuft er davon.

„Ach, da war er", sagt Alfred.

„Du hast ihn verscheucht", sagt Sara zu Alfred.

Waldweg, m. - forest track

Hirsch, m. - deer

leise - silent

flüstern - to whisper

Geweih, n. - antlers

die Ohren spitzen - to strain one's ears

Nachdem der Hirsch zwischen den Bäumen verschwunden ist, gehen die drei weiter. „Da oben ist ein **Specht**", sagt Alfred. Und tatsächlich. Ein Specht sitzt weit oben in einer Buche. Mit seinem **Schnabel** hämmert der **Vogel** ein **Loch** in den Baum.

„Ja, das ist ein Specht. In das Loch baut er ein **Nest**. Und in das Nest legt das **Weibchen** dann die **Eier**. Das Weibchen **brütet** die Eier aus, während das **Männchen** auf **Nahrungssuche** geht. Aus den Eiern schlüpfen dann **Küken**", erklärt Herr Riedmann seinen Kindern.

„Warum baut der Specht sein Nest in ein Loch im Baum, Papa?" fragt Alfred.

„Damit das Nest **sicher** ist. Vor **Raubtieren**. **Füchse**, **Eulen** oder auch **Schlangen** fressen gerne Eier und kleine Vögel. In dem Loch im Baum ist das Nest sicher."

Specht, m. - woodpecker

Schnabel, m. - beak

Vogel, m. - bird

Loch, n. - hole

Nest, n. - nest

Weibchen, n. - female animal

Eier, n. pl. - eggs

brüten - to lay eggs

Männchen, n. - male animal

Nahrunssuche, f. - the search for food

Küken, n. - hatchling

sicher - safe

Raubtier, n. - animal of prey

Füchse, m. pl. - foxes

Eulen, f. pl. - owls

Schlangen, f. pl. - snakes

Die drei laufen nun **bergauf**. Es wird etwas kühler. Die Laubbäume werden weniger. Dafür wachsen hier mehr **Nadelbäume**. Sie sind jetzt in einem **Nadelwald**. Hier wachsen **Tannen** und **Fichten**. Der **Waldboden** ist mit **Nadeln** bedeckt. Manchmal wachsen **Pilze** zwischen den Wurzeln der Bäume.

An einer Stelle müssen die drei über einen **umgestürzten Baumstamm** klettern. Der Baum war wohl beim letzten **Sturm** umgefallen.

bergauf - uphill

Nadelbaum, m. - conifer

Nadelwald, m. - coniferous forest

Tannen, f. pl. - fir trees

Fichten, f. pl. - spruces

Waldboden, m. - forest floor

Nadeln, f. pl. - *here*: the needles of the tree

Pilze, m. pl. - fungi

umgestürzt - fallen

Baumstamm, m. - tree trunk

Sturm, m. - storm

Sie kommen an einem **Rastplatz** an. Hier stehen ein paar **Bänke** um einen **Lagerfeuerplatz** herum. Ein großes **Schild** steht auch dort.

„Ich sehe einen **Wolf**!", sagt Alfred.

„Wo?", fragt Herr Riedmann und schaut sich um.

„Ich sehe auch einen **Bären**!", sagt Alfred.

„Bären gibt es hier gar nicht", sagt Sara. „Die sind hier **ausgestorben**. Du erzählst **Unsinn**, Alfred."

„Nein, tue ich nicht", sagt Alfred. „Da, auf dem Schild."

Auf dem Schild sind einige Tiere des Waldes abgebildet.

Unter anderem ein Bär und ein Wolf.

„Du bist gut!", **lacht** Herr Riedmann.

Auf dem Schild sind noch mehr Tiere zu sehen.

Ein Fuchs und eine **Maus** sind abgebildet. Auf dem Schild sitzt in einem Baum eine Eule, und zwischen den Wurzeln eines Baumes liegt eine Schlange.

Rastplatz, m. - rest area

Bänke, f. pl. - benches

Lagerfeuerplatz, m. - camp fire place

Schild, n. - sign

Wolf, m. - wolf

Bär, m. - bear

ausgestorben - extinct

Unsinn - nonsense

lachen - to laugh

Maus, f. - mouse

Die drei setzen sich auf die Bänke um den Lagerfeuerplatz. Sie machen eine **Rast**. Sobald sie sich **ausgeruht** haben werden sie zurück in das Dorf spazieren.

Alfred sagt: „Ich habe **gewonnen**. Ich habe **acht** Punkte!"

„Nein hast du nicht! Die Tiere auf dem Schild sind nicht **echt**. Die zählen nicht. Oder, Papa?"

Herr Riedmann antwortet: „Da muss ich Sara Recht geben. Es zählen nur echte Tiere. Ihr habt **beide sechs** Punkte. Gleichstand! Das heißt, ihr bekommt beide zwei Kugeln Eis. Ihr habt beide gewonnen."

Rast, f. - rest

ausruhen - to rest

gewonnen - to win

acht - eight

echt - real

beide - both

sechs - six

Zusammenfassung

Herr Riedmann geht mit seinen beiden Kindern Sara und Alfred spazieren. Sie gehen oft raus in die Natur. Heute spielen sie ein Spiel. Die Kinder müssen versuchen, so viele wilde Tiere wie möglich zu entdecken und richtig zu benennen. Für jedes entdeckte und richtig benannte Wildtier gibt es einen Punkt. Wer am Ende die meisten Punkte hat, gewinnt.

Zuerst gehen sie aus dem Dorf hinaus, in dem sie leben. Sie folgen einem Feldweg an Wiesen und Feldern vorbei. Hier können die Kinder schon einige Tiere entdecken. Der Weg führt sie zu einem See. Dort treffen sie einen Angler. Hier können die Kinder Vögel beobachten. Danach geht es weiter in den Wald. Werden sie auch einge der scheuen Waldtiere sehen?

Summary

Mr. Riedmann goes for a stroll with his children Sara and Alfred.

They often go out into nature. Today they play a game. The children have to discover wild animals and name them correctly. For every animal discovered and named correctly one point will be given. Whoever has collected the most points at the end wins the game.

First, they walk out of the village they live in. They follow a field path along meadows and fields. Here, the children can already discover different kinds of animals. The path leads them to a lake. There is a fisherman on the lake. The children can observe some birds there. Then, they walk into the woods.

Will they see some of the shy animals in the woods?

Fragen

1) Welche Tiere grasen auf der Weide?

   a) Kühe

   b) Hasen

   c) Enten

   d) Bären

2) Welches Tier finden die Kinder auf dem Feldweg?

   a) Ente

   b) Maus

   c) Eidechse

   d) Reiher

3) Sehen die Kinder einen Frosch?

   a) Ja. Der Frosch sitzt im Schilf.

   b) Ja. Der Frosch sitzt auf dem Feldweg.

   c) Nein. Der Frosch taucht unter.

4) Welche Tiere entdecken die Kinder im Wald?

   a) einen Hirsch

   b) einen Wolf

   c) einen Seeadler

   d) eine Wespe

Translation

Herr Riedmann geht mit seinen beiden Kindern Alfred und Sara jedes zweite Wochenende raus in die Natur. Die drei spazieren schon morgens aus ihrem Dorf heraus. Es wird ein sonniger Sonntag werden.

Every second weekend, Mr. Riedmann goes a nature stroll with his two children Alfred and Sara. The three of them walk out of their village in the morning. It will be a sunny Sunday.

Herr Riedmann ist Bauer. Seine Kinder gehen beide schon zur Schule, aber sie helfen ihm auch auf dem Bauernhof.

Mr. Riedmann is a farmer. His children both go to school, but they also help him on the farm.

Sie gehen auf einem Feldweg aus dem Dorf hinaus. Sie werden an Feldern und Wiesen vorbeikommen. Dann werden sie zu einem See kommen und danach bald den Wald erreichen. Herr Riedmann und seine Kinder beobachten die Natur heute ganz genau.

They leave the village on a dirt road. They will pass fields and meadows. Then they will come to a lake and soon reach the forest. Mr Riedmann and his children are observing nature very closely today.

Herr Riedmann spielt ein Spiel mit seinen Kindern. Wer von ihnen ein wildes Tier entdecken kann und es richtig benennt, der bekommt einen Punkt. Wer am Ende des Ausfluges in die Natur die meisten Punkte hat, der bekommt zwei Kugeln Eis. Der Verlierer bekommt nur eine Kugel Eis.

Mr. Riedmann is playing a game with his children. Whoever discovers a wild animal and is able to name it gets a point. Whoever has the most points at the end of their nature excursion gets two scoops of ice cream. The loser only gets one scoop of ice cream.

Die Kinder laufen links und rechts von Herrn Riedmann. Die drei haben es nicht eilig heute. Es ist Sonntag und sie machen einen gemütlichen Spaziergang durch die Natur in der Umgebung.

The children walk to the left and to the right of Mr. Riedmann. Today, the three are in no rush. It's Sunday and they go for an unhurried walk through nature in their surroundings.

Rechts von dem Feldweg erstreckt sich eine Weide. Auf der Weide wächst grünes Gras. An den Grashalmen glitzert noch etwas Tau. Kühe grasen dort.

To the right of the field path, there is a pasture. There is green grass growing on that pasture. Dew is sparkling on the blades of grass. Cows are grazing there.

Auf der linken Seite ist eine große natürliche Wiese. Viele Wiesenblumen wachsen dort. Die Blumen haben ganz verschiedene Farben. Es gibt gelben Löwenzahn, roten Mohn und ganz viel weißen und violetten Klee.

To the left is a big natural meadow. A lot of wildflowers grow there. The flowers have a lot of different colours. There are yellow dandelions, red poppies and a lot of white and purple clover.

Auf der Wiese stehen auch ein paar Apfelbäume. Sie tragen schon kleine, noch unreife Äpfel.

There are some apple trees in the meadow. They already have a few small, but unripe apples growing on the branches.

„Da ein Schmetterling", ruft Sara und deutet auf einen weißen Schmetterling, der über die Wiese flattert.

"There, a butterfly!", Sara calls out and points at a white butterfly fluttering across the meadow.

„Sehr gut", sagt Herr Riedmann. „Du bekommst den ersten Punkt, Sara."

"Very good", Mr. Riedmann says. "You get the first point, Sara."

„Und ich bekomme gleich noch einen", sagt Sara. „Da ist eine Biene." Sara zeigt auf ein gelb und schwarz gestreiftes Insekt, welches auf einer Blume sitzt.

"And I'll get another one soon", Sara says. "There's a bee." Sara points at a yellow and black striped insect sitting on a flower.

„Das ist gar keine Biene", meint Alfred. „Das ist eine Wespe. Geh nicht zu dicht ran!"

"That isn't a bee!", says Alfred. "That's a wasp. Don't get too close!"

Herr Riedmann schaut sich das Tier auf der Blume an und sagt dann: „Alfred hat recht. Das ist eine Wespe. Wespen stechen schneller zu als Bienen."

Mr. Riedmann looks at the animal on the flower and says: "Alfred's right. That's a wasp. Wasps sting more quickly than bees."

Sara geht einen Schritt zurück. „Dann ist es besser, wenn ich Abstand zur Wespe halte." Die Wespe fliegt über die Wiese davon.

Sara takes a step back. "Then it's better if I keep my distance from the wasp." The wasp flies away over the meadow.

„Das ist nicht nur bei Wespen so. Bei allen wilden Tieren ist es besser, nicht zu dicht ran zu gehen. Man kann sie sich von der Ferne anschauen. So stört man sie nicht."

"That's not just the case with wasps, with all wild animals it is better not to get too close. You can look at them from a distance, so you don't disturb them.

„Bekomme ich den Punkt für die Wespe?" fragt Alfred.

"Do I get a point for the wasp?", asks Alfred.

„Ja. Du hast die Wespe richtig erkannt, Alfred. Du bekommst den Punkt."

"Yes. You recognized the wasp correctly, Alfred. You'll get the point."

Alfred freut sich. Beide Kinder schauen sich um.

Alfred is happy. Both kids look around.

„Dahinten.", sagt Alfred nach einer Weile und deutet auf ein Feld weiter weg. „Da ist ein Hase!" Er deutet mit dem Finger in die Richtung.

"Over there.", Alfred says after a while and points towards a field further down the road.

"That is a hare!" He points his finger in the direction.

Herr Riedmann schaut, Sara schaut, beide sehen den Hasen nicht.

Mr. Riedmann looks, Sara looks, none of them can see the hare.

„Da, rechts von dem kleinen Busch." sagt Alfred.

"There, to the right of that little bush.", Alfred says.

„Ah ja. Ich sehe ihn jetzt", sagt Herr Riedmann. „Du hast sehr gute Augen, Alfred. Da ist tatsächlich ein Hase, direkt neben dem Busch. Kannst Du ihn sehen, Sara?"

"Ah, yes. I see him now," says Mr Riedmann. "You have very good eyes, Alfred. There actually is a hare right next to the bush. Can you see it, Sara?"

„Ja, jetzt sehe ich den Hasen auch. Alfred bekommt einen Punkt.", sagt Sara.

"Yes, now I can see the hare, too. Alfred gets a point.", says Sara.

Die drei gehen weiter. Fast zeitgleich zeigen die beiden Geschwister auf den Feldweg vor sich.

The three walk on. Almost at the same time the two siblings point at the field path in front of them.

„Da, eine Eidechse." sagen sie und bleiben still stehen, um das kleine Tier nicht zu verscheuchen. Herr Riedmann bleibt auch stehen.

"There, a lizard." they say and stand still in order to not scare the little animal away. Mr. Riedmann also stops.

Nur ein paar Meter vor ihnen liegt eine Eidechse auf dem Weg und sonnt sich.

Only a few meters ahead of them, a lizard lies on the road and basks in the sun.

Alle drei schauen sich die Eidechse eine Weile an.

All three of them watch the lizard for a while.

Herr Riedmann sagt: „Dafür bekommt ihr beide einen Punkt." Nach einer Weile gehen die drei langsam weiter.

Mr. Riedmann says: "Both of you get a point for that." After a while they slowly walk on.

Die Eidechse huscht in das Gras am Wegesrand und ist verschwunden.

The lizard scurries into the grass on the roadside and disappears.

Ein paar Meter weiter raschelt es am Wegesrand.

A few meters further along the road, it rustles.

Sara geht vorsichtig näher heran, um nach der Eidechse zu schauen.

Sara approaches carefully to look for the lizard.

Doch sie findet ein größeres Tier dort. Ein Tier mit Stacheln auf dem Rücken.

But she finds a bigger animal there. An animal with spikes on its back.

„Schaut hier!", sagt Sara. „Hier ist ein Igel." Alfred und Herr Riedmann kommen heran, um den Igel zu betrachten. Der Igel läuft nicht weg. Stattdessen rollt er sich zu einer Kugel zusammen, so dass nur noch Stacheln zu sehen sind.

"Look here!", says Sara. "It's a hedgehog." Alfred and Herr Riedmann come up to look at the hedgehog. The hedgehog doesn't run away. Instead, he rolls up into a ball so that only spikes can be seen.

„Ich habe schon 3 Punkte.", sagt Sara. Alfred sagt: „Ich habe auch 3 Punkte."

"I have 3 points already", says Sara. Alfred says: "I have 3 points, too."

„Gleichstand.", sagt Herr Riedmann. „Mal schauen, was wir an dem See da vorne für Tiere sehen.

"It's a tie!", Mr. Riemann says. "Let's see which animal we'll see at the lake over there."

Bevor die drei den nahen Wald erreichen, gelangen sie an einen See. Manchmal gehen Sara und Alfred in dem See schwimmen, wenn es sehr warm ist. Es gibt einen winzigen Strand am See.

Dort baden zu gehen ist fast wie am Meer. Heute gehen die Kinder aber nicht baden.

Before the three reach the nearby forest, they arrive at a lake. Sometimes Sara and Alfred go swimming in the lake when it's very warm. There's a tiny beach at the lake.

Going for a swim there is *almost* like going to the sea. But today the children aren't going swimming.

Es gibt einen Steg.

There is a jetty.

Ein Angler steht auf dem Steg und versucht Fische zu fangen.

A fisher stands on the jetty trying to catch fish.

„Einen schönen Sonntag, Herr Müller", sagt Herr Riedmann.

"Wishing you a pleasant Sunday, Mr. Müller.", Mr. Riedmann says.

„Das wünsche ich Ihnen auch, Herr Riedmann.", grüßt der Angler zurück.

"You too, Mr. Riedmann.", the fisher greets back.

„Haben Sie schon einen Fisch gefangen?"

"Have you caught a fish already?"

„Nein. Bis jetzt noch nicht.", sagt der Angler und schüttelt den Kopf, „Sie gehen mit ihren Kindern spazieren?"

"No. Not yet.", the fisher says and shakes his head, "Are you going for a stroll with your children?"

„Ja.", sagt Herr Riedmann. „Wir gehen raus in die Natur. Die frische Luft ist gut für die Gesundheit."

"Yes.", says Mr. Riedmann. "We're going for a nature walk. The fresh air is good for your health."

Ein kleiner Wasserfall speist den See.

A little waterfall feeds the lake.

Das Wasser sprudelt über Steine in den See.

The water gushes across the stones into the lake.

Es sind einige Wasservögel auf dem See zu sehen.

Some water birds can be seen on the lake.

Die Kinder sprudeln los:

The kids sputter:

Alfred ruft: „Da ist eine Ente. Und noch eine Ente. Ganz viele Enten sind da.

Alfred calls out: "There's a duck. And another duck. There are a lot of ducks.

Und da ist ein weißer Schwan."

And there's a white swan."

Er holt altes Brot aus der Tasche und füttert die Enten und den Schwan damit.

He takes some old bread out of the pocket and feeds the ducks and the swan with it.

Sara sagt: „Ich kann am anderen Ufer einen Reiher sehen. Und da oben, im Himmelkreis ein Seeadler.", sagt sie fasziniert.

Sara says: "I can see a heron on the other bank. And up there, in the sky, a white-tailed eagle is circling," she says with fascination.

„Wir haben heute echt Glück", sagt Herr Riedmann und schaut nach dem Seeadler, „Seeadler sind selten hier... Ihr bekommt beide 2 Punkte."

"We're really lucky today", says Mr. Riedmann and looks after the white-tailed eagle, "White-tailed eagles are rare here... You both get 2 points".

Die drei spazieren weiter am See entlang. Sie kommen an einem Stück vorbei, wo Schilf wächst. Man kann ein «Quak, Quak» aus dem Schilf heraus hören. «Da ist ein Frosch im Schilf.», sagt Sara.

The three of them continue walking along the lake. They pass a part where reeds grow. You can hear a "croak, croak " from the reeds. "There's a frog in the reeds," says Sara.

Vorsichtig gehen die Kinder näher an das Schilf heran. Doch bevor sie den Frosch sehen können, taucht dieser unter. Die Kinder suchen noch etwas. Aber der Frosch taucht nicht wieder auf.

Carefully, the children go closer to the reeds. But before they can see the frog, it dives below the surface. The kids continue searching a while longer, but the frog doesn't turn up again.

Sie laufen weiter am See entlang, bis sie am Wasserfall vorbeikommen. Von da führt ein schmaler Bach neben dem Weg her in Richtung Wald.

They continue to walk along the lake until they pass the waterfall. From there, a narrow brook leads along the path towards the forest.

In dem Bach sind viele runde Kieselsteine zu sehen. An einer Stelle ist ein kleiner Damm aus Ästen gebaut.

Many round pebbles can be seen in the stream. In one spot, there's a small dam made of branches.

Es ist schon Mittag, als die drei in den Wald kommen.

When the three reach the forest, it's already midday.

Im Wald ist es etwas dunkler und kühler. Die Luft hier ist gut.

In the forest, it's a bit darker and cooler. The air is good here.

Am Anfang laufen die drei durch einen Laubwald. Es wachsen Laubbäume hier, mächtige Eichen und Buchen.

At first the three of them walk through a deciduous forest. Broad-leafed trees grow here, mighty oaks and beeches.

Moos und alte Blätter bedecken den Boden zwischen den Wurzeln der Bäume.

The ground is covered in moss and old leaves between the roots of the trees.

„Könnt ihr hier auch Tiere entdecken?" fragt Herr Riedmann.

"Can you spot animals here as well?" Mr. Riedmann asks.

Die Kinder schauen gespannt in den Wald. Doch die Tiere des Waldes sind scheu. Es ist nicht leicht, sie zu entdecken.

Excitedly, the kids gaze into the forest. But the animals of the forest are shy. It's not easy to spot them.

Eine ganze Weile spazieren die drei auf dem Waldweg entlang, bis Sara sagt: „Da, zwischen den beiden großen Bäumen. Ich glaube da ist ein Hirsch."

The three walk along the forest path for quite a while until Sara says: "There, between the two big trees. I think there's a deer."

Alle bleiben stehen und sind ganz leise, um das Tier nicht zu verscheuchen.

They all stop and are very silent as to not scare the animal away.

„Ja.", flüstert Herr Riedmann. „Das ist tatsächlich ein Hirsch. Mit einem großen Geweih." Der Hirsch steht ganz still.

"Yes.", Mr. Riedmann whispers. "That's indeed a deer. With tall antlers." The deer stands still.

„Wo?" fragt Alfred etwas lauter.

"Where?" Alfred asks a bit louder.

Der Hirsch schaut auf und spitzt die Ohren. Und schon läuft er davon.

The deer looks up and strains his ears. And runs away.

„Ach, da war er.", sagt Alfred.

"Oh, there he was." Alfred says.

„Du hast ihn verscheucht.", sagt Sara zu Alfred.

"You scared him away.", Sara says to Alfred.

Nachdem der Hirsch zwischen den Bäumen verschwunden ist, gehen die drei weiter. „Da oben ist ein Specht.", sagt Alfred. Und tatsächlich. Ein Specht sitzt weit oben in einer Buche. Mit seinem Schnabel hämmert der Vogel ein Loch in den Baum.

After the deer has disappeared between the trees, the three go on. "There's a woodpecker up there," says Alfred. And sure enough, a woodpecker sits high up in a beech tree. With its beak, the bird hammers a hole in the tree.

„Ja, das ist ein Specht. In das Loch baut er ein Nest. Und in das Nest legt das Weibchen dann die Eier. Das Weibchen brütet die Eier aus, während das Männchen auf Nahrungssuche geht. Aus den Eiern schlüpfen dann Küken.", erklärt Herr Riedmann seinen Kindern.

"Yes, that is a woodpecker. He builds a nest into this hole, then the female will lay her eggs into this nest. While the male goes searching for food, the female will incubate the eggs. The eggs then hatch into chicks,", Mr. Riedmann explains to his children.

„Warum baut der Specht sein Nest in ein Loch im Baum, Papa?", fragt Alfred.

"Why is the woodpecker building his nest in a hole in a tree, daddy?" Alfred asks.

„Damit das Nest sicher ist. Vor Raubtieren.

"So the nest is safe from animals of prey.

Füchse, Eulen oder auch Schlangen fressen gerne Eier und kleine Vögel.

Foxes, owls or snakes like eating eggs and little birds.

In dem Loch im Baum ist das Nest sicher."

In the hole in the tree the nest is safe."

Die drei laufen nun bergauf. Es wird etwas kühler. Die Laubbäume werden weniger. Dafür wachsen hier mehr Nadelbäume. Sie sind jetzt in einem Nadelwald. Hier wachsen Tannen und Fichten. Der Waldboden ist mit Nadeln bedeckt. Manchmal wachsen Pilze zwischen den Wurzeln der Bäume.

The three of them are now walking uphill. It's getting a bit cooler. The deciduous trees are disappearing . But there are more conifers growing here. They're now in a coniferous forest. Firs and spruces grow here. The forest floor is covered with needles. Sometimes fungi grow between the roots of the trees.

An einer Stelle müssen die drei über einen umgestürzten Baumstamm klettern. Der Baum war wohl beim letzten Sturm umgefallen.

At one point the three have to climb over a fallen tree trunk. The tree must have fallen during the last storm.

Sie kommen an einem Rastplatz an. Hier stehen ein paar Bänke um einen Lagerfeuerplatz herum. Ein großes Schild steht auch dort.

They arrive at a rest area. There are a few benches around a campfire site. There is also a big sign.

„Ich sehe einen Wolf!", sagt Alfred.

"I can see a wolf!", says Alfred.

„Wo?", fragt Herr Riedmann und schaut sich um.

"Where?", asks Mr. Riedmann and looks around him.

„Ich sehe auch einen Bären!", sagt Alfred.

"I can see a bear, too!", Alfred says.

„Bären gibt es hier gar nicht", sagt Sara. „Die sind hier ausgestorben. Du erzählst Unsinn, Alfred."

"There are no bears here.", says Sara. "They are extinct. You speak nonsense, Alfred."

„Nein, tue ich nicht", sagt Alfred. „Da, auf dem Schild."

"No, I don't.", Alfred says. "There, on the sign."

Auf dem Schild sind einige Tiere des Waldes abgebildet.

There are a few animals of the forest pictured on the sign.

Unter anderem ein Bär und ein Wolf.

Among others, a bear and a wolf.

„Du bist gut!", lacht Herr Riedmann.

"You are good!", Mr. Riedmann laughs.

Auf dem Schild sind noch mehr Tiere zu sehen.

There are even more animals on the sign.

Ein Fuchs und eine Maus sind abgebildet. Auf dem Schild sitzt in einem Baum eine Eule, und zwischen den Wurzeln eines Baumes liegt eine Schlange.

A fox and a mouse are pictured there. On the sign, an owl is sitting in a tree and a snake is lying between the roots of the tree.

Die drei setzen sich auf die Bänke um den Lagerfeuerplatz. Sie machen eine Rast. Sobald sie sich ausgeruht haben werden sie zurück in das Dorf spazieren.

The three of them sit on the benches around the campfire site. They take a rest. As soon as they have rested, they will walk back to the village.

Alfred sagt: „Ich habe gewonnen. Ich habe acht Punkte!"

Alfred says: "I won. I have 8 points!"

„Nein hast du nicht! Die Tiere auf dem Schild sind nicht echt. Die zählen nicht. Oder, Papa?"

"No, you don't. The animals on the sign aren't real. They don't count. Am I right, dad?"

Herr Riedmann antwortet: „Da muss ich Sara Recht geben. Es zählen nur echte Tiere. Ihr habt beide sechs Punkte. Gleichstand! Das heißt, ihr bekommt beide zwei Kugeln Eis. Ihr habt beide gewonnen."

Mr. Riedmann answers: "I have to agree with Sara. Only real animals count. You both have 6 points. Tie! That means you both get two scoops of ice cream. You both won."

Unsere Erde - Planet Earth

Die **Lehrerin** schreibt an die **Tafel**: ‚Unsere **Erde**'.

Sie fragt in die **Klasse**: „Was fällt euch dazu ein?"

Thomas sagt: „Wir **leben** auf der Erde. „

Annika sagt: „Die Erde ist ein **Planet**."

„Sehr gut", sagt die Lehrerin. „Wir leben auf dem Planeten Erde."

Sie hängt eine **Karte** von der Erde neben der Tafel auf.

Lehrerin, f. - teacher

Tafel, f. - board

Erde, f. - earth

leben - to live

Planet, m. - planet

Karte, f. - map

"Auf der Erde gibt es viele verschiedene **natürliche Lebensräume**.

In den verschiedenen Lebensräumen herrscht jeweils ein anderes **Klima**. **Tiere** und **Pflanzen** müssen sich an die **Bedingungen** dort **anpassen**. Auch der **Mensch** muss sich an die **Lebensbedingungen** dort anpassen.

Was für Lebensräume gibt es auf der Erde?", fragt sie die Schüler.

natürliche Lebensräume, pl. - natural habitats

Klima, n. - climate

Tiere, n. pl. - animals

Pflanzen, f. pl. - plants

Bedingungen, f. pl. - conditions

anpassen - to adapt

Mensch, m. - human being

Lebensbedingungen, f. pl. - living conditions

Annika sagt: „Wir leben hier in den **gemäßigten Breiten**."

„Sehr gut, Annika.

In den gemäßigten Breiten ist es im **Winter** **kalt** und im **Sommer** **warm**. Alle vier **Jahreszeiten** sind sehr stark ausgeprägt. **Frühling**, Sommer, Herbst und Winter sind ungefähr gleich lang.

Die meisten **Bäume** **werfen** ihre **Blätter** **ab**, wenn es zu kalt wird im Winter.

Es gibt mal mehr und mal weniger **Regen**.

Es gibt **gemäßigte Wälder**, **offene Landschaften**, aber auch **Moore**.

Deutschland liegt in den gemäßigten Breiten.

gemäßigte Breiten - temperate zone

Winter, m. - winter

kalt - cold

Sommer, m. - summer

warm - warm

Jahreszeiten f. pl. - seasons

Frühling, m. - spring

Herbst, m. - autumn

Bäume, m. pl. - trees

abwerfen - to shed (the leaves)

Blätter, n. pl. - leaves

Regen, m. - rain

gemäßigte Wälder - temperate forests

offene Landschaften - open landscapes

Moore, n. pl. - bog

Kennt ihr ein paar Tiere, die in den gemäßigten Breiten leben?"

Thomas antwortet: „**Rehe** leben im Wald hier. Und **Wildkatzen**."

„Es gibt viele **Vögel** im Sommer. **Amseln**, **Stare** und **Störche**.

Im Winter **fliegen** manche davon weg."

„**Richtig**", sagt die Lehrerin. „Viele Vögel hier sind **Zugvögel**. Sie verbringen den Sommer hier, um zu **brüten**. Im Winter fliegen sie in den **Süden**, wo es wärmer ist.

Welche Lebensräume gibt es noch?"

Rehe, n. pl. - deer

Wildkatze, f. - wild cat

Vögel, m. pl. - birds

Amsel, f. - blackbird

Star, m. - starling

Storch, m. - stork

fliegen - to fly

richtig - correct

Zugvögel, m. pl. - migratory bird

brüten - to breed

Süden, m. - south

"Die **Arktis**; da ist es immer sehr kalt. „", sagt Thomas. „Da gibt es **Eisbären**. Und **Pinguine**."

Annika sagt zu Thomas: „Nein. Pinguine leben nicht in der Arktis. Pinguine leben in der **Antarktis**. Die Antarktis ist am **Südpol**."

„Das ist richtig, Annika", bestätigt die Lehrerin.

„Das Klima an beiden Polen der Erde ist es sehr kalt.

Die Arktis befindet sich am **Nordpol** der Erde. Sie ist ein **zugefrorenesMeer**; es gibt kein **Land** unter dem **Eis**. Unter den **Eisbergen** erstreckt sich ein **Eismeer**. Eisbären und **Seerobben** leben in der Arktis.

die Arktis, f. - the Arctic

Eisbären, m. pl. - polar bears

Pinguine, m. pl. - penguins

die Antarktis, f. - Antarctica

Südpol, m. - South Pole

Nordpol, m. - North Pole

zugefroren - completely frozen

Meer, n. - sea

Land, n. - land

Eis, n. - ice

Eisberg, m. - iceberg

Eismeer, n. - Arctic Sea

Seerobben, f. pl. - seal

Die Antarktis befindet sich am Südpol und unter den **Eisschichten** befindet sich ein ganzer **Kontinent**. Die Antarktis ist etwa so groß wie **Australien**. Riesige **Gletscher** schieben sich über das Land. Im **Inneren** der Antarktis ist es kalt und **trocken**. Es leben hier Pinguine. „

„Leben Menschen in der Antarktis?" fragt Thomas.

Die Lehrerin antwortet: „Nein, es leben dort keine Menschen **dauerhaft**. Aber es gibt mehrere **Forschungsstationen**. „

Eisschichten, f. pl. - layers of ice

Kontinent, m. - Continent

Austalien - Australia

Gletscher, m. - glaciers

im Inneren - inside of it

trocken - dry

dauerhaft - permanent

Forschungsstationen, f. pl. - research station

"Welcher Lebensraum befindet sich dicht am Äquator der Erde?" fragt die Lehrerin.

Annika antwortet: „Am Äquator ist es sehr warm. Da gibt es viel **Dschungel**."

„Richtig, da gibt es große **Urwälder**. Die **Region** wird auch **Tropenregion** genannt.

Die Tropen befinden sich in der Nähe des Äquators der Erde.

Dichte Urwälder bieten einer **Vielzahl** von Pflanzen und Tieren ein Zuhause. Es gibt hier mehr verschiedene **Arten** als in den anderen Lebensräumen. Der größte Urwald ist der Amazonas in **Südamerika**. Urwälder werden auch **Regenwälder** genannt, denn es regnet hier fast jeden Tag. Das Klima ist hier heiß und **schwül**.

Kennt ihr ein paar Tiere die in den Tropen leben?"

Annika sagt: „Es gibt dort bunte **Papageien**. In den Bäumen **turnenAffen**."

Thomas sagt:" Es gibt auch viele **gefährliche** Tiere da. **Tiger** und **Krokodile** und **giftige** Schlangen."

Äquator, m. - equator

Dschungel, m. - jungle

Urwälder, m. pl. - jungel, primeval forest

Region, f. - region

Tropenregion, f. - tropic region

Vielzahl, f. - multitude

Arten, f. pl. - species

Südamerika - South America

Regenwälder, m. pl. - rain forest

schwül - humid air

Papageien, m. pl. - parrot

turnen - to climb

Affen, m. pl. - apes

gefährlich - dangerous

Tiger, m. - tiger

Krokodil, n. - crocodile

giftig - poisonous

Annika sagt: „**Wüsten** sind auch ein Lebensraum. Da ist es sehr heiß und trocken. Es gibt nicht so viele Pflanzen und Tiere dort."

„Gut, Annika.

Die größte Wüste der Erde ist die Sahara. Sie befindet sich in **Afrika**.

Es regnet nur sehr selten. Es gibt hier sehr viel **Sand**. Der Sand wird vom **Wind** zu **Dünen** geweht. Die Dünen wandern in der Wüste mit dem Wind.

Lebewesen in der Wüste müssen lange ohne Wasser auskommen können. **Kakteen** wachsen in der Wüste; sie **speichern** Wasser in ihrem **Stamm**. **Kamele** leben auch in der Wüste. Diese Tiere können mehrere Tage ohne Wasser auskommen. Auch **Skorpione** und Eidechsen gibt es hier."

Wüsten f. pl. - deserts

Afrika - Africa

Sand, m. - sand

Wind, m. - wind

Dünen, f. pl. - dunes

Kaktus m. --> Kakteen pl. - cactus

speichern - to save

Stamm, m. - trunk

Kamele, n. pl. - camels

Skorpione, m. pl. - scorpions

Thomas sagt: „Die **Savanne** ist ein Lebensraum. Da gibt es viele große Tiere. Es gibt dort **Elefanten, Giraffen** und **Löwen**."

„Sehr gut, Thomas", sagt die Lehrerin und erklärt:

„Die Savanne ist in Afrika. Sie ist eine riesige **Graslandschaft**. Hier gibt es eine **Trockenzeit** in der es nur sehr selten regnet und eine **Regenzeit**, in der es jeden Tag regnet.

Antilopen, Zebras und andere **Pflanzenfresser** machen lange **Wanderungen**, um in der Trockenzeit in einem anderen Gebiet zu sein, als in der Regenzeit. **Fleischfresser**, wie **Hyänen** und **Schakale**, folgen den Herden.

Es gibt hier auch **Nashörner** und **Nilpferde**."

Savanne, f. - savanna

Elefant, m. - elephant

Giraffe, f. - giraffe

Löwe, m. - lion

Graslandschaft, f. - grass land

Trockenzeit, f. - dry season

Regenzeit, f. - rain season

Antilope, f. - antelope

Zebra, n. - zebra

Pflanzenfresser, m. pl. - plant eater / herbivore

Wanderungen, f. pl. - migration

Fleischfresser, m. pl. - meat eater / carnivore

Hyäne, f. - hyena

Schakal, m. - jackal

Nashorn, n. - rhino

Nilpferd, n. - hippo

"Ein weiterer Lebensraum ist das **Gebirge**. Ein Gebirge ist eine **Kette von hohen Bergen**. Die **Alpen** sind ein Gebirge.

Das **höchste** Gebirge ist der Himalaya. Der höchste einzelne Berg ist der Mount Everest.

Das Klima im Gebirge ist oft **kühl**. Je weiter man nach oben kommt, desto kälter wird es. Deswegen ist oft **Schnee** auf den **Gipfeln** von Bergen zu sehen. Die **felsige** Landschaft macht es Pflanzen nicht leicht, hier zu wachsen. Die **Luft** wird **dünner**, je weiter man nach oben kommt. **Felsen** und **Steine**, **Gebirgsbäche** und Gletscher gibt es im Gebirge.

Was für Tiere kann man hier finden?"

Thomas antwortet: „Im Gebirge gibt es **Adler**. Adler haben ihr Nest gerne ganz weit oben auf einem Berg oder auf einem Baum. „

Annika sagt: „Es gibt auch **Gämse** und **Steinböcke** in den Bergen. Diese Tiere können gut **klettern**."

Gebirge, n. - mountain range

Kette, f. - chain *here*: range

Berge, m. pl. - mountains

Aplen, f. - the Alps

höchste - highest

kühl - cold

Schnee, m. pl. - snow

Gipfel, m. - peak

felsig - rocky

Luft, f. - air

dünner - thinner

Felsen, m. pl. - rocks

Steine, m. pl. - stones

Gebirgsbäche, m. pl. - mountain rivers

Adler, m. pl. - eagle

Gämse, f. - chamois

Steinbock, m. - ibex, ibexes

klettern - to climb

"Das ist sehr gut. Es gibt noch einen sehr großen Lebensraum auf der Erde."

Sagt die Lehrerin. Die Kinder schauen sich die Karte an und überlegen.

„Ich gebe euch einen Tipp: Nicht alle Lebensräume sind auf dem Land." sagt die Lehrerin.

Annika sagt: „Das Meer! Die **Ozeane**. Da leben ganz viele Tiere. Das ist ein sehr großer Lebensraum."

„Sehr gut, Annika." sagt die Lehrerin und redet weiter:

„Die Ozeane **bedecken** ca. 75 % der **Erdoberfläche**.

Es gibt drei große Ozeane auf der Erde:

- > den **Atlantik** zwischen Amerika und Europa/Afrika

- > den **Pazifik** zwischen Amerika und Asien

-> den **Indischen Ozean** zwischen Afrika, Asien und Australien

Ozean, m. - ocean

bedecken - to cover

Erdoberfläche - Earth's surface

Atlantik - Atlantic

Pazifik - Pacific

Indischer Ozean - Indian Ocean

Alle Ozeane sind miteinander **verbunden**.

Flüsse fließen in die Ozeane. In den Flüssen ist **Süßwasser**.

In den Meeren ist **Salzwasser**.

Das Meer ist Lebensraum der größten Tieren auf der Erde.

Das sind die **Wale**. **Blauwale** werden bis zu 30 Meter lang.

Ansonsten leben viele verschiedene Tiere im Meer.

verbunden - connected

Flüsse, m. pl. - rivers

Süßwasser, n. - freshwater

Salzwasser, n. - saltwater

Wal, m. - whale

Blauwal, m. - blue whale

Welche Tiere kennt ihr noch, die im Meer leben?"

Annika sagt: „Sehr viele Fische. Es gibt **Delfine, Haie** und **Rochen** im Meer. Und **Krebse**. Ich habe einmal einen Krebs am Meer gesehen. Am **Strand**. „

Thomas sagt: „Es gibt auch **Quallen** da. Und **Tintenfische**."

„Sehr gut." sagt die Lehrerin. „Die Meere bieten sehr vielen Tieren einen Lebensraum. Alle Lebensräume, die wir heute benannt haben, sind eine sehr **grobeZusammenfassung**. Sie lassen sich weiter **unterteilen**.

Der Lebensraum Ozean lässt sich weiter unterteilen. Es gibt die **Tiefsee**, das **tropische Meer** oder das Eismeer unter der Arktis, und noch mehr natürliche Lebensräume **innerhalb** des Ozeans.

Die Natur ist sehr, sehr **vielfältig**. „

Delfine, m. pl. - dolphins

Haie, m. pl. - sharks

Rochen, m. pl. - rays

Krebse, m. pl. - crabs

Strand, m.   beach

Quallen, f. pl. - jellyfish

Tintenfische, m. pl. - squids

grobe Zusammenfassung - rough summary

unterteilen - to divide

Tiefsee, f. - deep sea

tropisches Meer, n. - tropical sea

innerhalb - included, inside

vielfältig - manifold

Die Lehrerin deutet auf die Karte der Erde und erklärt:

„All diese Lebensräume auf der Erde sind miteinander verbunden und **hängen voneinander ab**. Zum Beispiel **bindet** das Eis an den Polen viel Wasser.

Wenn das Eis an den Polen **schmelzen** würde, dann würde der **Meeresspiegelsteigen** und damit andere Lebensräume **beeinflussen**.

Die **Strömungen** in den Meeren beeinflussen das **Wetter** an Land. Durch den **Wasserkreislauf** wird Süßwasser in Form von Regen ins **Landesinnere** gebracht.

Alles **Leben** auf der Erde bildet ein **zusammenhängendesÖkosystem**. Und wir Menschen sind ein Teil dieses Ökosystems.

voneinander abhängen - dependent on each other

binden - to bind

schmelzen - to melt

steigen - to rise

Meerespiegel, m. - sea level

beeinflussen - to affect

Strömungen, f. pl. - currents

Wetter, n. - weather

Wasserkreislauf, m. - water cycle

Landesinnere, n. - inland

zusammenhängend - connected

Ökosystem, n. - ecosystem

Wir Menschen nehmen eine besondere **Rolle** ein.

Denn wir **erschaffen** unsere eigenen Lebensräume.

Städte und **Kulturlandschaften** sind nicht **natürlich** entstanden, sondern wurden von Menschen erbaut. Sie sind **künstlich**.

Viele Tiere finden keinen Platz mehr zum Leben oder wurden vom Menschen **gejagt**, bis sie **ausstarben**. Die Lebensräume der Tiere werden vom Menschen **zerstört**.

Zum Beispiel **holzt** der Mensch riesige **Flächen** im Regenwald **ab**, um **Holz** zum Bauen zu haben und die **Flächen** als **Weiden** zu nutzen. Doch der Regenwald ist sehr wichtig. Die Pflanzen **produzierenSauerstoff**. Menschen und Tiere brauchen Sauerstoff zum **Atmen**.

Rolle, f. - role

erschaffen - to create

Städte, f. pl. - cities

Kulturlandschaft, m. - cultured landscape

natürlich - natural

künstlich - artificial, man-made

jagen - to hunt

aussterben - to die out

zerstören - to destroy

abholzen - to cut down a forest

Flächen, f. pl. - areas

Weiden, f. pl. - pasture

produzieren - to produce

Sauerstoff, m. - oxygen

atmen - to breathe

Künstliche Produkte des Menschen wie **Plastik** landen in der **Umwelt**. Jetzt schon ist sehr viel **Plastikmüll** in den Meeren. Plastik wird in der Natur nicht **abgebaut**. Es ist **schädlich** für Tiere.

Durch unsere **Kraftwerke** erzeugen wir **Energie**. Die Kraftwerke aber **verschmutzen** zunehmend die Luft. In einigen Städten ist die **Luftverschmutzung** schon so hoch, das Atmen schädlich ist.

Was kann man als **Einzelner** tun, um unsere Umwelt nicht zu sehr zu **belasten**?"

Künstliche Produkte - man-made products

Plastik, n. - plastic

Umwelt, f. - environment

Plastikmüll, m. - plastic garbage

abbauen - *here:* to recycle

schädlich - harmful

Kraftwerk, n. - power plant

Energie, f. - energy, power

verschmutzen - to pollute

Luftverschmutzung, f. - air pollution

Einzelner, m. - one person / individual

belasten - *here:* to pollute

Annika sagt: „Man kann Energie **sparen**. Wenn man ein **Licht** nicht braucht, dann sollte man es **ausschalten**. Auch bei den **elektronischen Geräten** ist das so. Und auch Wasser sollte man nicht **unnötig** laufen lassen."

„Ja, richtig", sagt die Lehrerin. „**Strom** und frisches **Trinkwasser** sind keine **unendlichen** Ressourcen. Man kann hier als Einzelner helfen, diese Ressourcen zu sparen."

Thomas sagt: „Meine **Eltern** kaufen nur Produkte aus der **Region**. Dann müssen diese nicht aus **fernenLändern** hierher **gefahren** werden. Das spart auch Energie."

„Richtig, Thomas. Das Kaufen von lokal **erzeugten** Produkten hilft dabei, Energie zu sparen und die **Straßen** zu **entlasten**. So kann man mithelfen, die Natur zu erhalten.

Wir dürfen nicht **vergessen**, das wir alle **ein Teil der Natur** sind."

sparen - to save

Licht, n. - light

ausschalten - to switch off

elektronische Geräte - electrical devices

unnötig - unnecessary

Strom, m. - electrical power

Trinkwasser, n. - drinking water

unendlich - unlimited

Eltern, pl. - parents

Region, f. - *here:* from your local area

ferne Länder - distant countries

fahren - to drive

erzeugen - to produce

Straßen, f. pl. - streets

entlasten - to relieve

vergessen - to forget

ein Teil der Natur - a part of nature

Zusammenfassung

In ihrer Klasse erklärt eine Lehrerin ihren Schülern die verschiedenen natürlichen Lebensräume auf der Erde. Dabei geht sie auf die verschiedenen klimatischen Bedingungen ein und wo diese Lebensräume zu finden sind. Sie erklärt, dass die natürlichen Lebensräume alle miteinander verbunden und abhängig voneinander sind.

Auch fasst sie zusammen, das wir Menschen Teil der Natur sind. Deswegen ist es wichtig, die Natur zu schützen und sparsam mit Energie und Ressourcen umzugehen.

Summary

A teacher explains to her students the different natural habitats on Earth. She explains the different climatic conditions and where these natural habitats occur. She also says that all the different natural habitats are connected and depend on each other.

She explains that as humans we are part of nature and explains why it is important to protect it and save energy and natural resources.

Fragen

1) Welche Tiere leben in der Wüste?
   a) Skorpione
   b) Delfine
   c) Kamele
   d) Tiger

2) Wie ist das Klima in den Tropen?
   a) kalt und schwül
   b) warm und schwül
   c) kalt und warm
   d) es regnet nie

3) In welchem Lebensraum lebt das größte Tier?
   a) In der Wüste
   b) Im Gebirge
   c) Im Urwald
   d) Im Meer

4) Welcher Lebensraum ist der größte auf der Erde?
   a) Das Meer.
   b) Der Regenwald.
   c) Die Wüste.
   d) Die Antarktis.

Richtige Antworten

1) a und c
2) b
3) d
4) a

Translation

Die Lehrerin schreibt an die Tafel: ‚Unsere Erde'.

The teacher writes on the blackboard: 'Our Earth'.

Sie fragt in die Klasse: „Was fällt euch dazu ein?"

She asks the class: "What can you think of?"

Thomas sagt: „Wir leben auf der Erde. „

Thomas says: "We live on Earth."

Annika sagt: „Die Erde ist ein Planet."

Annika says: "The Earth is a planet."

„Sehr gut", sagt die Lehrerin. „Wir leben auf dem Planeten Erde."

"Very good", the teacher says. "We live on planet Earth."

Sie hängt eine Karte von der Erde neben der Tafel auf.

She hangs up a map of the Earth next to the board.

„Auf der Erde gibt es viele verschiedene natürliche Lebensräume.

"There are many different natural habitats on Earth.

In den verschiedenen Lebensräumen herrscht jeweils ein anderes Klima. Tiere und Pflanzen müssen sich an die Bedingungen dort anpassen. Auch der Mensch muss sich an die Lebensbedingungen dort anpassen.

In these different habitats, there are different climates. Animals and plants have to adapt to the conditions there. Human beings have to adapt to the conditions as well.

Was für Lebensräume gibt es auf der Erde?", fragt sie die Schüler.

Which habitats are there on Earth?", she asks the students.

Annika sagt: „Wir leben hier in den gemäßigten Breiten."

Annika says: "We live in the temperate zone."

„Sehr gut, Annika.

"Very good, Annika.

In den gemäßigten Breiten ist es im Winter kalt und im Sommer warm. Alle vier Jahreszeiten sind sehr stark ausgeprägt. Frühling, Sommer, Herbst und Winter sind ungefähr gleich lang.

In the temperate zones it's cold in winter and warm in summer. All four seasons are very distinctive. Spring, summer, autumn and winter last approximately the same time.

Die meisten Bäume werfen ihre Blätter ab, wenn es zu kalt wird im Winter.

Most trees shed their leaves when it's getting too cold in the winter.

Es gibt mal mehr und mal weniger Regen.

Sometimes there is more rain, sometimes less.

Es gibt gemäßigte Wälder, offene Landschaften, aber auch Moore.

There are temperate forests, open landscapes, but also swamps.

Deutschland liegt in den gemäßigten Breiten.

Germany lies in the temperate zone.

Kennt ihr ein paar Tiere, die in den gemäßigten Breiten leben?"

Do you know of some animals that live in the temperate zone?"

Thomas antwortet: „Rehe leben im Wald hier. Und Wildkatzen."

Thomas replies: "Deer live here in the forest. And wildcats."

„Es gibt viele Vögel im Sommer. Amseln, Stare und Störche.

"In the summertime there are many birds. Blackbirds, starlings and storks.

Im Winter fliegen manche davon weg."

In the wintertime, some of them fly away."

„Richtig", sagt die Lehrerin. „Viele Vögel hier sind Zugvögel. Sie verbringen den Sommer hier, um zu brüten. Im Winter fliegen sie in den Süden, wo es wärmer ist.

"That's right.", the teacher says. "Many birds here are migratory birds. They spend the summer here for breeding. In winter they fly south where it's warmer."

Welche Lebensräume gibt es noch?"

Which other natural habitats are there?"

„Die Arktis; da ist es immer sehr kalt. „, sagt Thomas. „Da gibt es Eisbären. Und Pinguine."

"The Arctic Zone; it's always very cold there.", Thomas says. "There are polar bears. And penguins."

Annika sagt zu Thomas: „Nein. Pinguine leben nicht in der Arktis. Pinguine leben in der Antarktis. Die Antarktis ist am Südpol."

Annika says to Thomas: "No. Penguins don't live in the Arctic. Penguins live in the Antarctic. Antarctica is at the South Pole."

„Das ist richtig, Annika.", bestätigt die Lehrerin.

"That is right, Annika", the teacher confirms.

„Das Klima an beiden Polen der Erde ist es sehr kalt.

"The climate on both poles of the Earth is very cold.

Die Arktis befindet sich am Nordpol der Erde. Sie ist ein zugefrorenes Meer; es gibt kein Land unter dem Eis. Unter den Eisbergen erstreckt sich ein Eismeer. Eisbären und Seerobben leben in der Arktis.

The Arctic is located at the Earth's North Pole. It is a frozen sea; there is no land under the ice. An Arctic Sea stretches below the icebergs. Polar bears and seals live in the Arctic.

Die Antarktis befindet sich am Südpol und unter den Eisschichten befindet sich ein ganzer Kontinent. Die Antarktis ist etwa so groß wie Australien. Riesige Gletscher schieben sich über das Land. Im Inneren der Antarktis ist es kalt und trocken. Es leben hier Pinguine. „

Antarctica is located at the South Pole and under the ice layers there is an entire continent. Antarctica is about as big as Australia. Huge glaciers push over the country. Inside Antarctica it is cold and dry. Penguins live there. "

„Leben Menschen in der Antarktis?" fragt Thomas.

"Do people live in the Antarctic?", Thomas asks.

Die Lehrerin antwortet: „Nein, es leben dort keine Menschen dauerhaft. Aber es gibt mehrere Forschungsstationen. "

The teacher answers: "No, no people live there permanently. But there are several research stations."

„Welcher Lebensraum befindet sich dicht am Äquator der Erde?" fragt die Lehrerin.

"Which habitat do you find close to the equator of the Earth?", the teacher asks.

Annika antwortet: „Am Äquator ist es sehr warm. Da gibt es viel Dschungel."

Annika answers: "It is very warm on the equator. There's a lot of jungle there."

„Richtig, da gibt es große Urwälder. Die Region wird auch Tropenregion genannt.

"Right, there are big primeval forests. The region is also called the tropical region.

Die Tropen befinden sich in der Nähe des Äquators der Erde.

The tropics lie close to the equator of the Earth.

Dichte Urwälder bieten einer Vielzahl von Pflanzen und Tieren ein Zuhause. Es gibt hier mehr verschiedene Arten als in den anderen Lebensräumen. Der größte Urwald ist der Amazonas in Südamerika. Urwälder werden auch Regenwälder genannt, denn es regnet hier fast jeden Tag. Das Klima ist hier heiß und schwül.

Dense primeval forests provide a home for a variety of plants and animals. There are more different species there than in the other habitats. The largest primeval forest is the Amazon in South America. Primeval forests are also called rainforests, because it rains there almost every day. The climate there is hot and humid.

Kennt ihr ein paar Tiere, die in den Tropen leben?"

Do you know any animals that live in the tropics?"

Annika sagt: „Es gibt dort bunte Papageien. In den Bäumen turnen Affen."

Annika says: "There are colourful parrots. There are monkeys in the trees.'"

Thomas sagt:" Es gibt auch viele gefährliche Tiere da. Tiger und Krokodile und giftige Schlangen."

Thomas says:" There are also many dangerous animals there. Tigers and crocodiles and poisonous snakes."

Annika sagt: „Wüsten sind auch ein Lebensraum. Da ist es sehr heiß und trocken. Es gibt nicht so viele Pflanzen und Tiere dort.»

Annika says: "Deserts are also a natural habitat. It's hot and dry there. There aren't many plants and animals there."

„Gut, Annika.

"Good, Annika.

Die größte Wüste der Erde ist die Sahara. Sie befindet sich in Afrika.

The biggest desert of the world is the Sahara. That is in Africa.

Es regnet nur sehr selten. Es gibt hier sehr viel Sand. Der Sand wird vom Wind zu Dünen geweht. Die Dünen wandern in der Wüste mit dem Wind. Lebewesen in der Wüste müssen lange ohne Wasser auskommen können. Kakteen wachsen in der Wüste; sie speichern Wasser in ihrem Stamm. Kamele leben auch in der Wüste. Diese Tiere können mehrere Tage ohne Wasser auskommen. Auch Skorpione und Eidechsen gibt es hier."

It rarely rains there. There is a lot of sand. The wind blows the sand into dunes. The dunes travel with the wind in the desert. Creatures in the desert have to cope without water for a long time. Cacti grow in the desert; they save water in their trunks. Camels live in the desert as well. These animals cope without water for several days. There are also scorpions and lizards."

Thomas sagt: „Die Savanne ist ein Lebensraum. Da gibt es viele große Tiere. Es gibt dort Elefanten, Giraffen und Löwen."

Thomas says: "The savanna is a habitat. There are a lot of big animals. There are elephants, giraffes and lions."

„Sehr gut, Thomas.", sagt die Lehrerin und erklärt:

"Very good, Thomas.", the teacher says and explains:

„Die Savanne ist in Afrika. Sie ist eine riesige Graslandschaft. Hier gibt es eine Trockenzeit, in der es nur sehr selten regnet und eine Regenzeit, in der es jeden Tag regnet.

"The savanna is in Africa. It's a huge grass land. There is a dry season where it only rains very seldomly and a rain season where it's raining every day.

Antilopen, Zebras und andere Pflanzenfresser machen lange Wanderungen, um in der Trockenzeit in einem anderen Gebiet zu sein, als in der Regenzeit. Fleischfresser, wie Hyänen und Schakale, folgen den Herden.

Antelopes, zebras and other herbivores make long migrations to be in a different area during the dry season than in the rain season. Carnivores like hyenas and jackals follow the herds.

Es gibt hier auch Nashörner und Nilpferde."

There are also rhinos and hippos."

„Ein weiterer Lebensraum ist das Gebirge. Ein Gebirge ist eine Kette von hohen Bergen. Die Alpen sind ein Gebirge.

"Another habitat is the mountains. A mountain range is a chain of high mountains. The Alps are a mountain range.

Das höchste Gebirge ist der Himalaya. Der höchste einzelne Berg ist der Mount Everest.

The highest mountain range is the Himalayas. The highest mountain is Mount Everest.

Das Klima im Gebirge ist oft kühl. Je weiter man nach oben kommt, desto kälter wird es. Deswegen ist oft Schnee auf den Gipfeln von Bergen zu sehen. Die felsige Landschaft macht es Pflanzen nicht leicht, hier zu wachsen. Die Luft wird dünner, je weiter man nach oben kommt. Felsen und Steine, Gebirgsbäche und Gletscher gibt es im Gebirge.

The climate in the mountains is usually cool. The higher you get, the colder it will be. That is why you can often see snow at the peaks of the mountains. The rocky landscape makes it hard for the plants to grow. The air gets thinner the closer one gets to the top. There are rocks and stones, mountain rivers and glaciers in the mountains.

Was für Tiere kann man hier finden?"

Which animals can you find there?"

Thomas antwortet: „Im Gebirge gibt es Adler. Adler haben ihr Nest gerne ganz weit oben auf einem Berg oder auf einem Baum. „

Thomas answers: "There are eagles in the mountains. Eagles like to have their nest high up on a mountain or on a tree. "

Annika sagt: „Es gibt auch Gämse und Steinböcke in den Bergen. Diese Tiere können gut klettern."

Annika says: "There are chamois and ibexes in the mountains as well. Those animals can climb very well."

„Das ist sehr gut. Es gibt noch einen sehr großen Lebensraum auf der Erde.", sagt die Lehrerin.

"That's very good. There is another very big habitat on Earth.", the teacher says.

Die Kinder schauen sich die Karte an und überlegen.

The children look at the map and think.

„Ich gebe euch einen Tipp: Nicht alle Lebensräume sind auf dem Land." sagt die Lehrerin.

"I'll give you a hint: not all habitats are on land." says the teacher.

Annika sagt: „Das Meer! Die Ozeane. Da leben ganz viele Tiere. Das ist ein sehr großer Lebensraum."

Annika says: "The sea! The oceans. A lot of animals live there. That is a very big habitat."

„Sehr gut, Annika." sagt die Lehrerin und redet weiter:

"Very good, Annika.", the teacher says and explains:

„Die Ozeane bedecken ca. 75 % der Erdoberfläche.

"Oceans cover about 75% of the Earth's surface.

Es gibt drei große Ozeane auf der Erde:

- > den Atlantik zwischen Amerika und Europa/Afrika

- > den Pazifik zwischen Amerika und Asien

- > den Indischen Ozean zwischen Afrika, Asien und Australien

There are three big oceans in the world:

- > The Atlantic between America and Europe/Africa
- > The Pacific between America and Asia
- > The Indian Ocean between Africa, Asia and Australia

Alle Ozeane sind miteinander verbunden.

All oceans are connected to one another.

Flüsse fließen in die Ozeane. In den Flüssen ist Süßwasser.

Rivers flow into the oceans. Rivers are made of freshwater.

In den Meeren ist Salzwasser.

The oceans are made of saltwater.

Das Meer ist Lebensraum der größten Tiere auf der Erde.

The sea is home to the largest animals in the world.

Das sind die Wale. Blauwale werden bis zu 30 Meter lang.

These are whales. Blue whales grow up to 30 metres long.

Ansonsten leben viele verschiedene Tiere im Meer.

Beside them, there are many different animals in the ocean.

Welche Tiere kennt ihr noch, die im Meer leben?"

Which other animals living in the sea do you know?"

Annika sagt: „Sehr viele Fische. Es gibt Delfine, Haie und Rochen im Meer. Und Krebse. Ich habe einmal einen Krebs am Meer gesehen. Am Strand. „

Annika says: "A lot of fish. There are dolphins, sharks and stingrays in the sea. And crabs. I saw a crab in the sea once. At the beach."

Thomas sagt: „Es gibt auch Quallen da. Und Tintenfische."

Thomas says: "There are jellyfish, too. And squids."

„Sehr gut." sagt die Lehrerin. „Die Meere bieten sehr vielen Tieren einen Lebensraum. Alle Lebensräume, die wir heute benannt haben, sind eine sehr grobe Zusammenfassung. Sie lassen sich weiter unterteilen.

"Very good.", the teacher says. The oceans offer a habitat to many animals. All the habitats we named today are a rough summary. They can be divided even further.

Der Lebensraum Ozean lässt sich weiter unterteilen. Es gibt die Tiefsee, das tropische Meer oder das Eismeer unter der Arktis, und noch mehr natürliche Lebensräume innerhalb des Ozeans.

The habitat of the ocean can be divided further. There is the deep sea, the tropic ocean, or the polar sea below the Arctic and of course, a lot of different habitats inside the ocean.

Die Natur ist sehr, sehr vielfältig. „

Nature is very, very diverse."

Die Lehrerin deutet auf die Karte der Erde und erklärt:

The teacher points at the map of the Earth and explains:

„All diese Lebensräume auf der Erde sind miteinander verbunden und hängen voneinander ab. Zum Beispiel bindet das Eis an den Polen viel Wasser.

"All these habitats on Earth are connected with one another and are dependent on each other. For example, the ice at the poles holds a lot of water.

Wenn das Eis an den Polen schmelzen würde, dann würde der Meeresspiegel steigen und damit andere Lebensräume beeinflussen.

If the ice at the poles melted, the water level would rise and would affect other habitats.

Die Strömungen in den Meeren beeinflussen das Wetter an Land. Durch den Wasserkreislauf wird Süßwasser in Form von Regen ins Landesinnere gebracht.

The currents in the oceans influence the weather on land. The water cycle brings fresh water in the form of rain into the interior of the country.

Alles Leben auf der Erde bildet ein zusammenhängendes Ökosystem. Und wir Menschen sind ein Teil dieses Ökosystems.

All life on earth forms an interconnected ecosystem. And we humans are a part of this ecosystem.

Wir Menschen nehmen eine besondere Rolle ein.

We humans play a special role.

Denn wir erschaffen unsere eigenen Lebensräume.

Because we create our own habitats.

Städte und Kulturlandschaften sind nicht natürlich entstanden, sondern wurden von Menschen erbaut. Sie sind künstlich.

Cities and cultural landscapes did not come into being naturally, but were built by people. They are artificial.

Viele Tiere finden keinen Platz mehr zum Leben oder wurden vom Menschen gejagt, bis sie ausstarben. Die Lebensräume der Tiere werden vom Menschen zerstört.

Many animals can't find room to live anymore or were hunted by humans until they died out. The animals' habitats are being destroyed by humans.

Zum Beispiel holzt der Mensch riesige Flächen im Regenwald ab, um Holz zum Bauen zu haben und die Flächen als Weiden zu nutzen. Doch der Regenwald ist sehr wichtig. Die Pflanzen produzieren Sauerstoff. Menschen und Tiere brauchen Sauerstoff zum Atmen.

For example, humans cut down huge areas in the rainforest in order to have wood for building and to use the areas as pastures. But the rainforest is very important. The plants produce oxygen. Humans and animals need oxygen to breathe.

Künstliche Produkte des Menschen wie Plastik landen in der Umwelt. Jetzt schon ist sehr viel Plastikmüll in den Meeren. Plastik wird in der Natur nicht abgebaut. Es ist schädlich für Tiere.

Artificial human products such as plastic end up in the environment. There is already a lot of plastic waste in the oceans. Plastic does not decompose in nature. It is harmful for animals.

Durch unsere Kraftwerke erzeugen wir Energie. Die Kraftwerke aber verschmutzen zunehmend die Luft. In einigen Städten ist die Luftverschmutzung schon so hoch, das Atmen schädlich ist.

We generate energy through our power plants. But the power plants are increasingly polluting the air. In some cities, air pollution is already so high that breathing is harmful.

Was kann man als Einzelner tun, um unsere Umwelt nicht zu sehr zu belasten?"

What can you do as an individual not to pollute our environment too much?"

Annika sagt: „Man kann Energie sparen. Wenn man ein Licht nicht braucht, dann sollte man es ausschalten. Auch bei den elektronischen Geräten ist das so. Und auch Wasser sollte man nicht unnötig laufen lassen."

Annika says: "You can save energy. If you don't need a light, turn it off. It's the same with electronic devices, too. And you shouldn't let water run unnecessarily either."

„Ja, richtig", sagt die Lehrerin. „Strom und frisches Trinkwasser sind keine unendlichen Ressourcen. Man kann hier als Einzelner helfen, diese Ressourcen zu sparen."

"Yes, that's right," says the teacher. "Electricity and fresh drinking water are not infinite resources. You can help as an individual to save these resources."

Thomas sagt: „Meine Eltern kaufen nur Produkte aus der Region. Dann müssen diese nicht aus fernen Ländern hierhergefahren werden. Das spart auch Energie."

Thomas says: "My parents only buy products from the region. Then they don't have to be transported here from distant countries. That also saves energy.

„Richtig, Thomas. Das Kaufen von lokal erzeugten Produkten hilft dabei, Energie zu sparen und die Straßen zu entlasten. So kann man mithelfen, die Natur zu erhalten.

"That's right, Thomas. Buying locally produced products helps to save energy and relieve the strain on the roads. In this way one can help to preserve nature.

Wir dürfen nicht vergessen, dass wir alle ein Teil der Natur sind."

We must not forget that we are all a part of nature."

Ein Besuch in Heidelberg – A Visit to Heidelberg

Herr und Frau Müller machen einen **Kurzurlaub** in der Stadt Heidelberg.

Heidelberg ist eine Stadt in Deutschland.

Über ein **Wochenende übernachten** sie in einem **Hotel** dort.

Sie kommen aus Berlin und **reisen** mit dem **Reisebus** an.

Der Reisebus hält am **Busbahnhof** in Heidelberg.

Herr und Frau Müller steigen nach der langen **Fahrt** aus. Sie holen ihre **Koffer**, welche im **Gepäckfach** des Busses verstaut sind.

Beide haben einen großen Koffer dabei.

Kurzurlaub, m. - getaway

Wochenende, n. - weekend

übernachten - to overnight

Hotel, n. - hotel

reisen - to travel

Reisebus, m. - coach

Busbahnhof, m. - bus terminal

Fahrt, f. - trip

Koffer, m. pl. - suitcase

Gepäckfach, n. - compartment for suitcases

Deswegen nehmen sie ein **Taxi**, um zu ihrem Hotel zu fahren.

An einem **Taxistand in der Nähe** vom Busbahnhof steht ein Taxi.

Als der **Taxifahrer** sieht, dass die beiden zu ihm kommen, steigt er aus. Er öffnet den **Kofferraum**, um die Koffer von den Müllers zu **verstauen**.

„**Wo möchten Sie hin?**", fragt der Taxifahrer Frau Müller.

„Wir möchten zum Hotel Adler. **Wissen Sie wo das ist?**", sagt Frau Müller.

„Ja, das Hotel ist an der **Hauptstraße**. Ich fahre Sie dort hin", sagt er und hält Frau Müller die **Tür** auf.

Herr Müller und Frau Müller **steigen** in das Taxi **ein** und der Taxifahrer fährt sie zum Hotel Adler in der **Innenstadt**.

Am Hotel **angekommen**, schaut der Taxifahrer auf das **Taximeter** und sagt: „Das **kostet** 18,50 Euro." Frau Müller bezahlt den Taxifahrer und gibt ihm 50 Cent **Trinkgeld**.

Taxi, n. - taxi, cab

Taxistand, m. - taxi rank

in der Nähe - close by

Taxifahrer, m. - taxi driver

Kofferraum, m. - trunk

verstauen - to stash

Wo möchten Sie hin? - Where do you want to go?

Wissen Sie wo das ist? - Do you know where this is?

Hauptstraße, f. - mainroad, often the literal name of a road

Tür, f. - door

einsteigen - to get into a vehicle

Innenstadt, f. - city center

ankommen - to arrive

Taxameter, n. - taximeter

kosten - to cost

Trinkgeld, n. - tip

Die Müllers **checken** in ihr Hotel **ein**.

„Herzlich Willkommen!" sagt die **Dame** an der **Rezeption**.

„Guten Tag!", sagt Herr Müller. „**Wir möchten gerne** über das Wochenende hier übernachten."

„Haben sie schon ein **Zimmergebucht**?", fragt die **Rezeptionistin**.

„Ja. Wir haben ein **Doppelzimmer** mit **Bad** gebucht." antwortet Herr Müller.

„Wie ist Ihr Name?", fragt die Rezeptionistin.

„Das Zimmer ist auf den Namen Müller gebucht. Hans Müller", sagt Herr Müller.

Die Dame schaut in einer Liste nach.

„Ah ja. Hier ist der **Eintrag**", sagt sie. Sie gibt Herrn Müller den **Schlüssel** für das **HotelzimmerNummer** 25. Sie sagt: „Um zu Zimmer Nummer 25 zu **gelangen**, fahren Sie mit dem **Aufzug** in das 2. Stockwerk. Dann müssen Sie nach **links** gehen. Auf der **rechtenSeite** finden Sie Zimmer Nummer 25."

„**Vielen Dank**." sagt Herr Müller.

einchecken - check into an accomodation

Herzliche Willkommen!- - Welcome!

Dame, f. - lady

Rezeption, f. - reception

Wir möchten gerne... - We would like...

Zimmer, n. - room

buchen - to book

Rezeptionistin, f. - receptionist

Doppelzimmer, n. - double room

Bad, n. - bathroom

Eintrag, m. - entry

Schlüssel, m. - key

Hotelzimmer, n. - hotel room

Nummer, f. - number

gelangen - to reach

Aufzug, m. - elevator

links - left

rechte Seite, f. - right side

Vielen Dank. - Thank you very much.

Herr und Frau Müller gehen erstmal auf ihr Hotelzimmer und **erholen** sich von der langen **Busreise**. Sie **packen** ihre Koffer **aus** und **informieren** sich über das **Wetter** die nächsten Tage. Es wird sonnig.

Nachdem Sie sich **ausgeruht** haben gehen sie auf **Entdeckungstour** in Heidelberg.

erholen - to rest

Busreise, f. - bus journey

auspacken - unpacking something

informieren - to inform

Wetter, n. - weather

ausgeruht - rested

Entdeckungtour - sightseeing tour

Sie möchten zuerst die **bekanntesteSehenswürdigkeit** von Heidelberg besuchen.

Das ist das **Schloss** Heidelberg. Das Schloss liegt **auf einem Bergoberhalb** der Stadt. Um dort hin zu kommen, können die Müllers einen Bus nehmen oder **laufen**.

Weil das Wetter gut ist, **entscheiden** sie sich dazu, zum Schloss zu laufen. So sehen sie auch mehr von der Stadt. Sie müssen erst ein Stück durch die **Altstadt** von Heidelberg laufen. In der Altstadt gibt es viele alte **Fachwerkhäuser** und ein paar große **Kirchen** zu sehen.

bekannteste - most famous

Sehenswürdigkeit, f. - places of interest

Schloss, n. - castle

auf einem Berg - on top of a mountain

oberhalb - above

laufen - to walk

entscheiden - to decide

Altstadt, f. - oldtown

Fachwerkhäuser, n. pl. - frame houses

Kirchen, f. pl. - churches

Frau Müller fragt ihren **Mann**: „Sollen wir uns erst einmal eine **Stadtkarte** holen, damit wir uns nicht **verlaufen**?"

„Das Schloss ist doch gleich **da oben**", sagt Herr Müller, „Wir brauchen keine Karte, um den **Weg** zu finden."

„Aber wir müssen auch den Weg zurück zum Hotel finden", gibt Frau Müller zu **bedenken**.

„Dafür habe ich eine **mobile Karte** auf meinem **Handy**", sagt Herr Müller. „Damit finde ich den Weg von überall zurück. **Keine Sorge!**"

Mann, m. - husband

Stadtkarte, f. - city map

verlaufen - to get lost

da oben - up there

Weg, m. - way

bedenken - to think about something

mobile Karte, f. - mobile map

Handy, n. - mobile phone

Keine Sorge! - Don't worry!

In der Tat ist es nicht **schwer** das Schloss zu **finden**. Es ist groß und **thront** über der Stadt. Der Weg zu dem Schloss geht bergauf. Es ist **anstrengend** dort hoch zu laufen. Aber **es lohnt sich**. Die **Aussicht** über die Stadt vom Schloss aus ist sehr **schön**.

Die beiden kommen an das **Kassenhäuschen** vor dem Schloss.

„Ich hätte gerne **Eintrittskarten** für zwei **Personen**", sagt Herr Müller.

„Das macht 10 Euro", sagt der **Kartenverkäufer**.

Herr Müller gibt ihm einen 10-Euro-**Schein** und bekommt zwei Eintrittskarten.

Das Schloss ist groß. Die Müllers verbringen zwei Stunden, um es zu **besichtigen**.

Nach der **Besichtigunggenießen** sie einen **Kaffee** im Schloss**café**.

Hier sind die **Preise** etwas **teurer**, aber man trinkt ja auch nicht jeden Tag einen Kaffee in einem Schloss.

schwer - difficult

finden - to find

thronen - to tower over

anstrengend - tiring

es lohnt sich - it is worth it

Aussicht. f. - view

schön - beautiful

Kassenhäuschen, n. - pay kiosk

Eintrittskarte, f. - entry ticket

Personen, f. pl. - persons

Kartenverkäufer, m. - ticket seller

Schein, m. - bank note

besichtigen - to visit/ do sightseeing

Besichtigung, f. - sightseeing tour

genießen - to enjoy

Kaffee, m. - coffee

Cafe, n. - coffeeshop

Preise, m. pl. - prices

teurer - more expensive

Danach laufen die Müllers wieder **hinunter** in die Altstadt. Frau Müller möchte sich noch gerne das **Rathaus** anschauen. „Kannst du das Rathaus auf deinem **Mobiltelefon** finden?", fragt sie ihren Mann.

Herr Müller schaut auf der Karte auf seinem Handy. „Es ist hier in der Nähe", sagt er. „Wir müssen nur weiter **diese Straße entlang** gehen. Dann müsste es das große **Gebäude** auf der rechten Seite sein."

Die Müllers **folgen** der Straße.

„Da", sagt Frau Müller. „Das muss das Rathaus sein.

Das Gebäude ist groß und **reich verziert**."

Sie gehen **näher** heran. Auf einem **Schild** neben dem **Eingang** steht: „**Stadtbibliothek**"

„Das ist nicht das Rathaus." sagt Herr Müller. „Moment...", er schaut auf sein Handy, „ wir hätten vorher rechts **abbiegen** müssen. Wir sind **zu weit** gelaufen."

Frau Müller macht ein **Foto** von der Bibliothek. Dann sagt sie: „Na, dann lass uns **zurück laufen**."

Ein Besuch in Heidelberg – A Visit to Heidelberg

Sie laufen zurück und biegen an der richtigen Stelle ab. Sie kommen zu dem Rathaus. Frau Müller macht viele Fotos.

hinunter - downhill

Rathaus, n. - town hall

Mobiltelefon, n. - mobile phone

diese Straße entlang - along this street

Gebäude, n. - building

folgen - to follow

reich verziert - richly ornamented

Schild, n. - sign

Eingang, m. - entrance

Stadbibliothek, f. - city library

abbiegen - to turn

zu weit - too far

Foto, n. - photo, picture

zurück laufen - to walk back

"Jetzt habe ich **Hunger**", sagt Herr Müller. „Lass uns was essen gehen."

„Das ist eine gute **Idee**", sagt seine Frau. „Was möchtest du essen?"

„Ich habe ein **indisches Restaurantda vorne** gesehen. Da können wir etwas essen gehen", sagt Herr Müller.

Die Beiden gehen in dem Restaurant essen.

Frau Müller fragt: „Was machen wir **morgen**?"

„Morgen können wir eine **Rundfahrt** mit einem **Boot** auf dem **Fluss** machen", sagt Herr Müller. „Und ich würde gerne **abends** ins **Theater** gehen."

„Das klingt gut. Ich würde mir noch gerne diesen **Triumphbogen** anschauen. Dann ist da noch das **Denkmal** von Goethe, welches ich gerne sehen würde. Und die alte **Brücke**. Das ist die älteste Brücke über diesen Fluss hier."

Hunger, m. - hunger

Idee, f. - idea

indisches Restaurant, n. - indian restaurant

da vorne - ahead

morgen - tomorrow

Rundfahrt, f. - round trip

Boot, n. - boat

Fluss, m. - river

abends - in the evening

Theater, n. - theater

Triumphbogen, m. - triumphal arch

Denkmal, n. - memorial

Brücke, f. - bridge

älteste - oldest

Nach dem **Essen** möchten die Beiden zurück zum Hotel laufen.

„Findest du den Weg zurück auf deinem Handy?", fragt Frau Müller während sie **loslaufen**.

Herr Müller schaut auf sein Handy und sagt etwas **erschrocken**: „Es ist **aus**. Die **Batterie** ist **leer**. Ich habe wohl **vergessen**, es **aufzuladen**. Wie finden wir jetzt zurück?"

„Wir haben auch keine Karte", sagt Frau Müller. „Es gibt hier aber bestimmt eine **Touristeninformation**, wo man eine Karte von der Stadt **bekommen** kann."

„Aber wo?", fragt sich Herr Müller. Beide schauen sich um. Es ist eine **Einkaufsstraße** mit vielen **Läden**. **Bäckereien**, Cafés, **Souvenirläden** - aber keine Touristeninformation.

Essen, n. - meal

loslaufen - to start walking

erschrecken - to startle

aus - off

Batterie, f. - battery

leer - empty

vergessen - to forget

aufladen - to charge

Touristeninformation, f.- - tourist information

bekommen - to get

Einkaufsstraße, f. - shopping street

Läden, m. pl. - shops

Bäckereien, f. pl. - bakeries

Souvenirläden, m. pl. - souvenir shops

Ein **junger Mann** kommt dem **Paar entgegen**.

„**Entschuldigen Sie!**" sagt Frau Müller.

Der Mann bleibt stehen und sagt: „Guten Tag. Was gibt's?"

„Können Sie uns **bitte weiterhelfen**? Wir **suchen** die Touristeninformation. Wissen Sie wo die ist?" fragt Frau Müller.

Der junge Mann antwortet: „Die Touristeninformation? Hmm. Ich weiß, das hier eine ist, aber ich bin mir **nicht sicher**, wo genau...". Er überlegt. „Moment!" sagt er schließlich. „**Da drüben hängt** doch ein **Stadtplan**", sagt er und **zeigt** auf eine **Informationstafel**, die etwas weiter weg steht. „Da können wir mal drauf schauen."

junger Mann, m. - young man

Paar, n. - couple

entgegen - towards

Entschuldigen Sie! - Excuse me!

bitte - please

weiter helfen - to help with something

suchen - to search

nicht sicher - not sure

überlegen - to think about

da drüben - over there

hängen - to hang

Stadtplan, m. - city plan

zeigen - to show, to point out

Informationstafel, f. - information board

Die Müllers und der junge Mann gehen zu dem großen Stadtplan.

„**Wir sind hier**", sagt der junge Mann und deutet auf einen **rotenPunkt** auf dem Stadtplan. „Und hier, wo das große, **grüne** ‚T' ist, da ist die Touristeninformation."

„Vielen Dank!", sagt Frau Müller zu dem jungen Mann.

Zu Herrn Müller sagt sie: „Das heißt, wir müssen **da vorne links gehen** und der Straße folgen. **An der dritten Abzweigung** müssen wir **nach rechts** gehen. Da ist die Touristeninformation."

Die Müllers **bedanken** sich bei dem jungen Mann und gehen zu der Touristeninformation.

Wir sind hier. - We are here.

rot - red

Punkt, m. - point

grün - green

da vorne links - ahead and to the left

an der dritten Abzweigung - at the third intersection

nach rechts - to the right

bedanken - to thank someone

In der Touristeninformation **spricht** Frau Müller den Verkäufer **an**.

„Guten Tag!"

„Guten Tag! **Wie kann ich Ihnen weiterhelfen?**" fragt der **Verkäufer**.

„Wir brauchen eine Stadtkarte." sagt Frau Müller.

„Wir haben hier zwei Stadtkarten im **Angebot**. Eine große, **zusammenfaltbare** Karte, die sehr **detailliert** ist, und eine kleinere, in der **nur die wichtigsten Informationen** zu sehen sind. Welche möchten Sie haben?"

„Ich glaube, wir nehmen die große Karte", sagt Herr Müller. „Darin sind auch alle **Straßennamen** eingezeichnet."

„Ja, wir **nehmen** die große Karte", sagt Frau Müller.

ansprechen - to speak to someone

Wie kann ich Ihnen -

weiterhelfen? - How can I help you?

Verkäufer, m. - vendor

im Angebot, n. - on offer

zusammen faltbar - foldable

detailliert - detailed

nur die wichtigsten -

Informationen - only the most important information

Straßennamen - street names

nehmen - to take

"Kann ich Ihnen ansonsten **behilflich** sein? Wir haben hier alle Informationen zu den Sehenswürdigkeiten in der Stadt."

„Kann man hier auch **Karten** für das **Theater** bekommen?", fragt Herr Müller. „Ja. Die können sie hier **erwerben**. Wann möchten Sie das Theater besuchen?"

„Wir möchten **morgen Abend** in die **Veranstaltung** gehen. „Faust" wird **aufgeführt**. Dafür hätte ich gerne zwei Karten."

Der Verkäufer schaut auf einem **Bildschirm** nach. „Ja, für die **Vorführung** morgen Abend **um 20 Uhr** gibt es noch Karten."

Herr Müller **bezahlt** die Stadtkarte und die Karten für das Theater.

behilflich sein - to be of help

Karte, f. - map, here: ticket

Theater, n - theatre

erwerben - to buy

morgen Abend - tomorrow evening

Veranstaltung, f. - event

aufführen - to perform

Bildschirm, n. - screen

Vorführung, f. - show

um 20 Uhr - at 8 o'clock

bezahlen - to pay

Frau Müller **entfaltet** die Stadtkarte. Sie schaut sich die Karte genau an und findet nach einer Weile den Namen ihres Hotels. „**Da müssen wir hin**", sagt sie. „Wir müssen hier **gleich rechts**, dann folgen wir den **Straßenbahnlinien** und kommen zu unserem Hotel."

„Das heißt, wir können auch mit der **Straßenbahn** zurück zu unserem Hotel fahren?" fragt Herr Müller.

„Ja, das können wir machen. Da vorne ist eine **Haltestelle**. **Wir müssen fünf Haltestellen weiter fahren.** Dann sind wir **direkt vor** unserem Hotel."

Die beiden gehen zur **Straßenbahnhaltestelle**. Sie müssen nur 10 **Minuten** warten. Dann kommt die Straßenbahn und sie fahren zurück zu ihrem Hotel.

„Das war ein **aufregender Tag**", sagt Frau Müller.

entfalten - to enfold

Da müssen wir hin. - We have to go there.

gleich rechts - keep to the right

Straßenbahnlinien, f. pl. - rails of the city tram

Straßenbahn, f. - - city tram

Haltestelle, f. - station

Wir müssen 5 Haltestellen weiter fahren. - We have to go 5 stations further.

direkt vor - directly in front

Straßenbahnhaltestelle, f. - tram station

Minuten, f. - minutes

aufregender Tag, m. - exciting day

Zusammenfassung

Herr und Frau Müller fahren über das Wochenende in die Stadt Heidelberg. Dort machen sie einen Kurzurlaub. Sie übernachten im Hotel „Adler". Als erstes besichtigen sie die berühmteste Sehenswürdigkeit der Stadt: das Schloss Heidelberg. Danach wollen sie das Rathaus anschauen. Sie gehen in einem Restaurant essen und planen den nächsten Tag. Beim Rückweg zum Hotel brauchen sie Hilfe und eine Stadtkarte, um den richtigen Weg zu finden. Die Stadtkarte bekommen sie bei der Touristeninformation.

Summary

Mr. and Mrs. Müller take a trip over the weekend to the city of Heidelberg for a short vacation. They are staying in the hotel „Adler". The first thing they visit is the city's most famous sight: the Heidelberg castle. After that they want to see city hall. They eat in a restaurant and make plans for the next day. On the way back to their hotel they need help and a city map to find the right way. They can get the city map at the tourist information.

Fragen

1) Wieviel Euro hat Frau Müller dem Taxifahrer gegeben?

   a) 5,00 Euro

   b) 18,50 Euro

   c) 19,00 Euro

   d) 10,00 Euro

2) Welche Sehenswürdigkeit besuchen die Müllers zuerst?

   a) Sie besichtigen das Schloss Heidelberg

   b) Sie machen eine Rundfahrt mit einem Boot.

   c) Sie gehen ins Theater.

   d) Sie schauen sich das Rathaus an.

3) Wie heißt das Hotel in dem die Müllers übernachten?

   a) Hotel „Hase"

   b) Hotel „Heidelberg"

   c) Hotel „Elefant"

   d) Hotel „Adler"

4) Von welchem Gebäude macht Frau Müller ein Foto, nachdem sie das Schloss besucht haben?

   a) Vom Rathaus.

   b) Von einer Kirche.

   c) Von der Stadbliothek.

   d) Vom Hotel.

Richtige Antworten

1) c

2) a

3) d

4) c

Ein Besuch in Heidelberg – A Visit to Heidelberg

Translation

Herr und Frau Müller machen einen Kurzurlaub in der Stadt Heidelberg.

Mr. And Mrs. Müller are going on a getaway to the city of Heidelberg.

Heidelberg ist eine Stadt in Deutschland.

Heidelberg is a city in Germany.

Über ein Wochenende übernachten sie in einem Hotel dort.

They have booked into a hotel there for the weekend.

Sie kommen aus Berlin und reisen mit dem Reisebus an.

They are coming from Berlin and are traveling there by coach.

Der Reisebus hält am Busbahnhof in Heidelberg.

The coach stops at the bus terminal in Heidelberg.

Herr und Frau Müller steigen nach der langen Fahrt aus. Sie holen ihre Koffer, welche im Gepäckfach des Busses verstaut sind.

Mr. and Mrs. Müller get out after the long journey. They fetch their suitcases, which are stowed in the luggage compartment of the bus.

Beide haben einen großen Koffer dabei.

Both have a big suitcase with them.

Deswegen nehmen sie ein Taxi, um zu ihrem Hotel zu fahren.

That's why they are taking a taxi to the hotel.

An einem Taxistand in der Nähe vom Busbahnhof steht ein Taxi.

There is a taxi at a taxi stand near the bus station.

Als der Taxifahrer sieht, dass die beiden zu ihm kommen, steigt er aus. Er öffnet den Kofferraum, um die Koffer von den Müllers zu verstauen.

When the taxi driver sees that the two are coming to him, he gets out. He opens the trunk to stow the Müller's suitcases.

„Wo möchten Sie hin?", fragt der Taxifahrer Frau Müller.

"Where are you going?" the taxi driver asks Mrs. Müller.

„Wir möchten zum Hotel Adler. Wissen Sie wo das ist?", sagt Frau Müller.

"We'd like to go to the Hotel Adler. Do you know where that is?" says Mrs. Müller.

„Ja, das Hotel ist an der Hauptstraße. Ich fahre Sie dort hin", sagt er und hält Frau Müller die Tür auf.

"Yes, the hotel is on the main road. I'll drive you there," he says and holds the door open for Mrs. Müller.

Herr Müller und Frau Müller steigen in das Taxi ein und der Taxifahrer fährt sie zum Hotel Adler in der Innenstadt.

Mr. and Mrs. Müller get into the taxi and the taxi driver drives them to the Hotel Adler in the city centre.

Am Hotel angekommen, schaut der Taxifahrer auf das Taxameter und sagt: „Das kostet 18,50 Euro." Frau Müller bezahlt den Taxifahrer und gibt ihm 50 Cent Trinkgeld.

Arriving at the hotel, the taxi driver looks at the meter and says, "It's 18.50 euros." Mrs. Müller pays the taxi driver and tips him 50 cents.

Die Müllers checken in ihr Hotel ein.

The Müllers check into their hotel.

„Herzlich willkommen!" sagt die Dame an der Rezeption.

"Welcome!", says the lady at the reception.

„Guten Tag!", sagt Herr Müller. „Wir möchten gerne über das Wochenende hier übernachten."

"Good day!", Mr. Müller says. "We would like to stay the weekend."

„Haben sie schon ein Zimmer gebucht?", fragt die Rezeptionistin.

"Have you already booked a room?", the receptionist asks.

„Ja. Wir haben ein Doppelzimmer mit Bad gebucht." antwortet Herr Müller.

"Yes. We booked a double room with bathroom.", Mr. Müller answers.

„Wie ist Ihr Name?", fragt die Rezeptionistin.

"What is your name?", the receptionist asks.

„Das Zimmer ist auf den Namen Müller gebucht. Hans Müller.", sagt Herr Müller.

"The room is booked under the name of Müller. Hans Müller.", Mr. Müller says.

Die Dame schaut in einer Liste nach.

The lady checks a list.

„Ah ja. Hier ist der Eintrag.", sagt sie. Sie gibt Herrn Müller den Schlüssel für das Hotelzimmer Nummer 25. Sie sagt: „Um zu Zimmer Nummer 25 zu gelangen, fahren Sie mit dem Aufzug in das 2. Stockwerk. Dann müssen Sie nach links gehen. Auf der rechten Seite finden Sie Zimmer Nummer 25."

"Ah, yes. Here's the entry," she says. She gives Mr. Müller the key for the hotel room number 25. She says: "To get to room number 25, take the elevator to the 2nd floor. Then you have to go to the left. On the right you will find room number 25."

„Vielen Dank." sagt Herr Müller.

"Thank you very much.", Mr. Müller says.

Herr und Frau Müller gehen erstmal auf ihr Hotelzimmer und erholen sich von der langen Busreise. Sie packen ihre Koffer aus und informieren sich über das Wetter der nächsten Tage. Es wird sonnig.

Mr. and Mrs. Müller first go to their hotel room and recover from the long bus journey. They unpack their suitcases and check the weather for the next few days. It is getting sunny.

Nachdem sie sich ausgeruht haben, gehen sie auf Entdeckungstour in Heidelberg.

After their rest, they go for a sightseeing tour through Heidelberg.

Sie möchten zuerst die bekannteste Sehenswürdigkeit von Heidelberg besuchen.

First they would like to visit the most famous sight of Heidelberg.

Das ist das Schloss Heidelberg. Das Schloss liegt auf einem Berg oberhalb der Stadt. Um dort hin zu kommen, können die Müllers einen Bus nehmen oder laufen.

This is Heidelberg Castle. The castle is situated on a mountain above the city. To get there, the Müllers can take a bus or walk.

Weil das Wetter gut ist, entscheiden sie sich dazu, zum Schloss zu laufen. So sehen sie auch mehr von der Stadt. Sie müssen erst ein Stück durch die Altstadt von Heidelberg laufen. In der Altstadt gibt es viele alte Fachwerkhäuser und ein paar große Kirchen zu sehen.

As the weather is good, they decide to walk to the castle. That way, they will see more of the city. First, they must walk through the old town of Heidelberg for a while. In the old town, there are many old half-timbered houses and a few large churches to see.

Frau Müller fragt ihren Mann: „Sollen wir uns erst einmal eine Stadtkarte holen, damit wir uns nicht verlaufen?"

Mrs. Müller asks her husband: "Shall we get a city map, so we won't get lost?

„Das Schloss ist doch gleich da oben.", sagt Herr Müller, „Wir brauchen keine Karte, um den Weg zu finden."

"The castle is right up there.", Mr. Mueller says. "We don't need a map to find the way."

„Aber wir müssen auch den Weg zurück zum Hotel finden.", gibt Frau Müller zu bedenken.

"But we also have to find the way back to the hotel.", Mrs. Müller points out.

„Dafür habe ich eine mobile Karte auf meinem Handy.", sagt Herr Müller. „Damit finde ich den Weg von überall zurück. Keine Sorge!"

"I have a map on my mobile phone for this," says Mr. Müller. "I can use it to find my way back from anywhere. Don't worry!

In der Tat ist es nicht schwer, das Schloss zu finden. Es ist groß und thront über der Stadt. Der Weg zu dem Schloss geht bergauf. Es ist anstrengend dort hoch zu laufen. Aber es lohnt sich. Die Aussicht über die Stadt vom Schloss aus ist sehr schön.

Ein Besuch in Heidelberg – A Visit to Heidelberg

In fact, it's not difficult to find the castle. It is big and towers over the city. The way to the castle is uphill. It is exhausting to walk up there. But it is worth it. The view over the city from the castle is very beautiful.

Die beiden kommen an das Kassenhäuschen vor dem Schloss.

The two of them come to the ticket booth in front of the castle.

„Ich hätte gerne Eintrittskarten für zwei Personen.", sagt Herr Müller.

"I'd like tickets for two people," says Mr. Müller.

„Das macht 10 Euro.", sagt der Kartenverkäufer.

"That'll be 10 euros," says the ticket vendor.

Herr Müller gibt ihm einen 10-Euro-Schein und bekommt zwei Eintrittskarten.

Mr. Müller gives him a 10 Euro bill and gets two tickets.

Das Schloss ist groß. Die Müllers verbringen zwei Stunden, um es zu besichtigen.

The castle is big. The Müllers spend two hours looking around.

Nach der Besichtigung genießen sie einen Kaffee im Schlosscafé.

After the sightseeing tour, they enjoy a coffee at the coffeeshop in the castle.

Hier sind die Preise etwas teurer, aber man trinkt ja auch nicht jeden Tag einen Kaffee in einem Schloss.

The prices are a bit more expensive, but it's not every day you get to drink coffee in a castle.

Danach laufen die Müllers wieder hinunter in die Altstadt. Frau Müller möchte sich noch gerne das Rathaus anschauen. „Kannst du das Rathaus auf deinem Mobiltelefon finden?", fragt sie ihren Mann.

Afterwards, the Müllers walk back downhill into the old town. Mrs. Müller would like to have a look at the town hall. "Can you find the town hall on your mobile phone?", she asks her husband.

Herr Müller schaut auf der Karte auf seinem Handy. „Es ist hier in der Nähe.", sagt er. „Wir müssen nur weiter diese Straße entlang gehen. Dann müsste es das große Gebäude auf der rechten Seite sein."

Mr. Müller looks at the map on his phone. "It is close by.", he says. "We just have to follow this street. Then it should be the big building on the right."

Die Müllers folgen der Straße.

The Müllers follow the street.

„Da.", sagt Frau Müller. „Das muss das Rathaus sein.

"There.", Mrs. Müller says. "This has to be the townhall.

Das Gebäude ist groß und reich verziert."

The building is big and richly decorated."

Sie gehen näher heran. Auf einem Schild neben dem Eingang steht: „Stadtbibliothek".

They get closer. On a sign next to the entry it says: "City Library".

„Das ist nicht das Rathaus." sagt Herr Müller. „Moment...", er schaut auf sein Handy, „ wir hätten vorher rechts abbiegen müssen. Wir sind zu weit gelaufen."

"That's not the townhall.", Mr. Müller says. "One moment…", he looks at his phone, "We should have turned right back there. We went too far."

Frau Müller macht ein Foto von der Bibliothek. Dann sagt sie: „Na, dann lass uns zurücklaufen."

Mrs. Müller takes a picture of the library. Then she says: "Well, then let's go back."

Sie laufen zurück und biegen an der richtigen Stelle ab. Sie kommen zu dem Rathaus. Frau Müller macht viele Fotos.

They walk back and take the turn on the right place. Then they arrive at the town hall. Mrs. Müller takes a lot of photos.

„Jetzt habe ich Hunger.", sagt Herr Müller. „Lass uns was essen gehen."

"Now I'm hungry", Mr. Müller says. "Let's go have a bite to eat."

„Das ist eine gute Idee.", sagt seine Frau. „Was möchtest du essen?"

"That's a good idea.", his wife says. "What do you want to eat?"

„Ich habe ein indisches Restaurant da vorne gesehen. Da können wir etwas essen gehen.", sagt Herr Müller.

"I saw an Indian restaurant over there. We can eat there.", Mr. Müller says.

Die Beiden gehen in dem Restaurant essen.

The two go for a meal in that restaurant.

Frau Müller fragt: „Was machen wir morgen?"

Mrs. Müller asks: "What are we going to do tomorrow?"

„Morgen können wir eine Rundfahrt mit einem Boot auf dem Fluss machen.", sagt Herr Müller. „Und ich würde gerne abends ins Theater gehen."

"Tomorrow we can take a boat trip on the river," says Mr. Müller. "And I would like to go to the theatre in the evening."

„Das klingt gut. Ich würde mir noch gerne diesen Triumphbogen anschauen. Dann ist da noch das Denkmal von Goethe, welches ich gerne sehen würde. Und die alte Brücke. Das ist die älteste Brücke über diesen Fluss hier."

"That sounds good. I would like to have a look at this triumphal arch. Then there's Goethe's monument, which I would like to see. And the old bridge. That's the oldest bridge over this river here."

Nach dem Essen möchten die Beiden zurück zum Hotel laufen.

After their meal they want to walk back to the hotel.

„Findest du den Weg zurück auf deinem Handy?", fragt Frau Müller während sie loslaufen.

"Can you find the way back on your phone?", Mrs. Müller asks as they start walking.

Herr Müller schaut auf sein Handy und sagt etwas erschrocken: „Es ist aus. Die Batterie ist leer. Ich habe wohl vergessen, es aufzuladen. Wie finden wir jetzt zurück?"

Mr. Müller looks at his mobile phone and says frighteningly "It's off. The battery is dead. I must have forgotten to charge it. How do we find our way back now?

„Wir haben auch keine Karte.", sagt Frau Müller. „Es gibt hier aber bestimmt eine Touristeninformation, wo man eine Karte von der Stadt bekommen kann."

"We don't have a map either," says Mrs. Müller. "But there's definitely a tourist information office here where you can get a map of the city."

„Aber wo?", fragt sich Herr Müller. Beide schauen sich um. Es ist eine Einkaufsstraße mit vielen Läden. Bäckereien, Cafés, Souvenirläden - aber keine Touristeninformation.

"But where?" Mr. Müller asks himself. Both look around. It's a shopping street with many shops. Bakeries, cafés, souvenir shops — but no tourist information.

Ein junger Mann kommt dem Paar entgegen.

A young man walks towards the couple.

„Entschuldigen Sie!" sagt Frau Müller.

"Excuse me!", Mrs. Müller says.

Der Mann bleibt stehen und sagt: „Guten Tag. Was gibt's?"

The man stops and says: "Good day. What is it?"

„Können Sie uns bitte weiterhelfen? Wir suchen die Touristeninformation. Wissen Sie wo die ist?" fragt Frau Müller.

"Can you help us out, please? We are searching for the tourist information. Do you know where that is?", Mrs. Müller asks.

Der junge Mann antwortet: „Die Touristeninformation? Hmm. Ich weiß, dass hier eine ist, aber ich bin mir nicht sicher, wo genau...". Er überlegt. „Moment!" sagt er schließlich. „Da drüben hängt doch ein Stadtplan.", sagt er und zeigt auf eine Informationstafel, die etwas weiter weg steht. „Da können wir mal drauf schauen."

The young man answers: "The tourist information? Hmm. I know there's one here, but I'm not sure where exactly...". He thinks about it. "Wait a minute," he finally says. "There's a city map hanging over there," he says and points to an information board a little further away. "We can take a look at it."

Die Müllers und der junge Mann gehen zu dem großen Stadtplan.

The Müllers and the young man go towards the city plan.

„Wir sind hier.", sagt der junge Mann und deutet auf einen roten Punkt auf dem Stadtplan. „Und hier, wo das große, grüne ‚T' ist, da ist die Touristeninformation."

"We are here.", the young man says and points at the red spot at the city plan. "And there, where the big green 'T' is, that's the tourist information."

„Vielen Dank!", sagt Frau Müller zu dem jungen Mann.

"Thank you very much!", Mrs. Müller says to the young man.

Zu Herrn Müller sagt sie: „Das heißt, wir müssen da vorne links gehen und der Straße folgen. An der dritten Abzweigung müssen wir nach rechts gehen. Da ist die Touristeninformation."

She says to Mr. Müller: "That means we have to walk ahead and to the left and follow the street. At the third intersection we must turn right. There is the tourist information."

Die Müllers bedanken sich bei dem jungen Mann und gehen zu der Touristeninformation.

The Müllers thank the young man and go to the tourist information.

In der Touristeninformation spricht Frau Müller den Verkäufer an.

In the tourist information centre, Mrs. Müller speaks to the vendor.

„Guten Tag!"

"Good day!"

„Guten Tag! Wie kann ich Ihnen weiterhelfen?" fragt der Verkäufer.

"Good day! How can I help you?", the vendor asks.

„Wir brauchen eine Stadtkarte." sagt Frau Müller.

"We need a city map.", says Mrs. Müller.

„Wir haben hier zwei Stadtkarten im Angebot. Eine große, zusammenfaltbare Karte, die sehr detailliert ist, und eine kleinere, in der nur die wichtigsten Informationen zu sehen sind. Welche möchten Sie haben?"

"We have two city maps on offer here. A large, foldable map, which is very detailed, and a smaller one, in which only the most important information can be seen. Which one would you like to have?

„Ich glaube, wir nehmen die große Karte", sagt Herr Müller. „Darin sind auch alle Straßennamen eingezeichnet."

"I think we'll take the big card," says Mr. Müller. "All the street names are marked on it."

„Ja, wir nehmen die große Karte", sagt Frau Müller.

"Yes, we'll take the big map.", Mrs. Müller says.

„Kann ich Ihnen ansonsten behilflich sein? Wir haben hier alle Informationen zu den Sehenswürdigkeiten in der Stadt."

"Can I help you with anything else? We have all the information about the sights of the city."

„Kann man hier auch Karten für das Theater bekommen?", fragt Herr Müller. „Ja. Die können sie hier erwerben. Wann möchten Sie das Theater besuchen?"

"Is it possible to get tickets for the theatre here, too?" asks Mr. Müller. "Yes, they can buy them here. When would you like to visit the theatre?

„Wir möchten morgen Abend in die Veranstaltung gehen. „Faust" wird aufgeführt. Dafür hätte ich gerne zwei Karten.»

"We'd like to go to the event tomorrow night. "Faust" will be performed. I'd like two tickets for that."

Der Verkäufer schaut auf einem Bildschirm nach. „Ja, für die Vorführung morgen Abend um 20 Uhr gibt es noch Karten."

The vendor looks on a screen. "Yes, tickets are still available for the screening tomorrow night at 8:00."

Herr Müller bezahlt die Stadtkarte und die Karten für das Theater.

Mr. Müller pays the map and the theatre tickets.

Frau Müller entfaltet die Stadtkarte. Sie schaut sich die Karte genau an und findet nach einer Weile den Namen ihres Hotels. „Da müssen

wir hin.", sagt sie. „Wir müssen hier gleich rechts, dann folgen wir den Straßenbahnlinien und kommen zu unserem Hotel."

Mrs. Müller unfolds the city map. She takes a close look at the map and after a while finds the name of her hotel. "We have to turn right here, then we follow the tram lines and get to our hotel."

„Das heißt, wir können auch mit der Straßenbahn zurück zu unserem Hotel fahren?" fragt Herr Müller.

"Does that mean we can take the tram back to the hotel?", Mr. Müller asks.

„Ja, das können wir machen. Da vorne ist eine Haltestelle. Wir müssen fünf Haltestellen weiterfahren. Dann sind wir direkt vor unserem Hotel."

"Yes, we can do that. There's a stop ahead. We just have to go five more stops. Then we're right in front of our hotel."

Die beiden gehen zur Straßenbahnhaltestelle. Sie müssen nur 10 Minuten warten. Dann kommt die Straßenbahn und sie fahren zurück zu ihrem Hotel.

They both go to the tram stop. They only have to wait 10 minutes. Then the tram arrives and they ride back to their hotel.

„Das war ein aufregender Tag", sagt Frau Müller.

"That was an exciting day.", Mrs. Müller says.

Wir müssen 5 Haltestellen

Im Restaurant - At The Restaurant

Herr und Frau Fischer möchten **heute** Abend **essen gehen**.

Sie überlegen noch, wohin sie essen gehen möchten.

„Worauf hast Du heute **Lust, Schatz**?", **fragt** Herr Fischer seine **Frau**.

„Wie wäre es mir **italienisch**? Das italienische Restaurant, in dem wir **letzte Woche** essen waren, war doch sehr gut. **Pizza** oder **Nudeln**, das geht immer", **antwortet** Frau Fischer.

Im Restaurant - At The Restaurant

„Das stimmt. Es war gut. Aber ich würde gerne diese Woche **etwas anderes** essen. Wie wäre es mit dem **chinesischen** Restaurant?"

„Auf chinesisch habe ich heute nicht so viel Lust", sagt Frau Fischer.

„Oder wir gehen in das neue *Schnitzelhaus*. Es hat erst diese Woche **eröffnet**. So ein **saftiges** Schnitzel, das wäre schon was. Was sagst du dazu?", meint Herr Fischer.

„Ja. **Das klingt gut.** Wir sollten dort einen **Tisch reservieren** für heute Abend.»

„Ich rufe gleich mal da an", sagt Herr Fischer.

heute - today

essen gehen - to go out to eat

überlegen - to think about

Lust, f. - appetite

Schatz, m. - treasure, *here:* darling

fragen - to question

Frau, f. - woman, *here:* wife

italienisch - italian

letzte Woche, f. - last week

Pizza, f. - pizza

Nudeln, f. - pasta, noodles

antworten - to answer

etwas anderes - something different

chinesisch - chinese

eröffnen - to open a new (restaurant, shop, etc.)

saftig - juicy

Das klingt gut. - that sounds good.

Tisch, m. - table

reservieren - to reserve

Herr Fischer **ruft** beim *Schnitzelhaus***an**.

„Guten Tag. Herr Schmidt am **Apparat**", sagt ein Herr.

„Guten Tag. Hier ist Herr Fischer."

Bin ich richtig beim *Schnitzelhaus*?", fragt Herr Fischer.

„Ja, Sie sind richtig. Was wünschen Sie?", sagt Herr Schmidt.

„Ich möchte gerne einen Tisch reservieren für heute **Abend** ab 19 Uhr."

„Für wieviele **Personen**?"

„Für zwei Personen", antwortet Herr Fischer.

„Gut, ein Tisch für zwei Personen ab 19 Uhr, reserviert auf den Namen Fischer."

„Genau. Vielen Dank! **Bis später**."

„Auf Wiedersehen!" sagt Herr Schmidt und **legt auf**.

anrufen - to call

Apparat, m. - telephone

Abend, m. - evening

Personen, f. pl. - persons

Bis später. - Until later. (alt. See you then)

auflegen - to hang up (the phone)

Um 19 Uhr kommen Herr und Frau Fischer in das Restaurant *Schnitzelhaus*.

Das Restaurant ist **gut besucht**. Es gibt nicht mehr viele **freie** Tische.

Viele Leute wollen das neue Restaurant **ausprobieren**.

Herr und Frau Müller **hängen** ihre **Jacken** an der **Garderobe auf**.

gut besucht - well attended

frei - free

ausprobieren - to try out

Im Restaurant - At The Restaurant

aufhängen - to hang up

Jacken, f. pl. - jackets

Garderobe, f. - coat rack

Ein **Kellner** kommt den beiden entgegen.

„Guten Abend!" sagt der Kellner **freundlich**.

„Wir haben einen Tisch reserviert für zwei Personen", sagt Frau Fischer.

„Auf welchen Namen?", fragt der Kellner.

„Fischer."

„Folgen Sie mir", sagt der Kellner und **leitet** die beiden zu einem Tisch an einem **Fenster**. Der Kellner bringt gleich die **Menükarten**.

„Bitte sehr." sagt der Kellner und eilt zu einem anderen Tisch, um dort **Geschirrabzuräumen**.

Kellner, m. - waiter

Guten Abend! - Good evening!

freundlich - friendly

leiten - to lead

Fenster, n. - window

Menükarte, f. - menu card

Geschirr, n. - dishes

abräumen - to clear the table

Auf dem Tisch steht schon für jede Person ein **Gedeck**: große, **flacheTeller** mit einer **Serviette** daneben, darauf eine **Gabel**, ein **Löffel** und ein **Messer**. Ein **Dessertlöffel** liegt oberhalb des Tellers. Ein **Weinglas** für jeden steht auch schon **bereit**. In der **Mitte** des Tisches steht eine rote **Kerze**, welche der Kellner **anzündet**, und ein kleines **Schild**, auf dem „Reserviert" steht. Das Schild **nimmt** der Kellner **weg**.

Auch ein **Pfeffersteuer** und ein **Salzstreuer** stehen auf dem Tisch.

Gedeck, n. - place setting

flach - shallow

Teller, m. - plate

Serviette, f. - napkin

Gabel, f. - fork

Löffel, m. - spoon

Messer, n. - knife

Dessertlöffel, m. - dessert spoon

Weinglas, n. - wine glass

bereit - ready

Mitte, f. - middle

Kerze, f. - candle

anzünden - to light with fire

Schild, n. - sign

Reserviert - reserved

wegnehmen - to take away

Pfefferstreuer - pepper shaker

Salzstreuer - salt shaker

Frau Müller öffnet die Menükarte und schaut sie sich an.

„Mal schauen, was es hier gibt", sagt sie.

Die Menükarte ist unterteilt in

- **Vorspeisen**

- **Suppen**

- **Salate**

- **Hauptspeisen**

- **Empfehlung des Hauses**

- **Nachtisch**

- **alkoholfreie Getränke**

- **Biere**

- **Wein**

öffnen - to open

Vorspeisen, f. pl - starters

Suppen, f. pl. - soups

Salate, m. pl. - salads

Hauptspeisen, f. pl. - main dishes

Empfehlung des Hauses- - recommendation of the house

Nachtisch, m. - dessert

alkoholfreie Getränke, n. pl. - non-alcoholic drinks

Biere, n. pl. - beers

Wein, m. - wine

"Ich denke, **ich nehme** eine **Spargelcremesuppe** als Vorspeise, ein **Putensteak** mit **Reis** als **Hauptgang** und ein **Eis** zum Nachtisch", sagt sie zu ihrem Mann.

„Ich nehme ein **Schnitzel**", sagt Herr Fischer. „**Fährst du heute** zurück?"

„Nagut. Ich hätte ganz gerne den Wein hier probiert. Aber das kann ich auch **nächstes Mal** machen", sagt Frau Fischer.

„Dann nehme ich ein Bier", sagt Herr Müller zu seiner Frau.

Der Kellner **taucht** neben dem Tisch **auf** und fragt: „**Möchten Sie bestellen?**"

„Ja", sagt Herr Fischer. „Ich würde gerne ein Schnitzel essen. Welches können Sie mir **empfehlen?**"

„Ich empfehle Ihnen unser **Jägerschnitzel** mit frischen **Waldpilzen** in **hellerSoße** oder ein **Kalbsschnitzel** mit **Kroketten.**"

„**Ich hätte gerne** dasJägerschnitzel, als Vorspeise eine **Tomatensuppe** und ein Bier dazu, bitte."

„Möchten Sie zu dem Schnitzel **Bratkartoffeln** oder **Pommes**?" fragt der Kellner.

„Ich hätte gerne die Bratkartoffeln."

„Möchten Sie ein **großes** Bier?"

„Ja, ich hätte gerne ein großes, **kühles** Bier."

I nehme ... - I take ...

Spargelcremesuppe, f. - asparagus creme soup

Putensteak, n. - turkey steak

Reis, m. - rice

Hauptgang, m. - main dish

Eis, n. - ice cream

Schnitzel, n. - schnitzel

Fährst du heute? - Are you driving today?

nächstes Mal - next time

auftauchen - to appear

Möchten Sie bestellen? - Do you want to order?

empfehlen - to recommend

Jägerschnitzel, n. - schnitzel with mushrooms

Waldpilze, m. pl. - mushrooms of the forest

hell - light

Soße, f. - sauce

Kalbsschnitzel, n. - schnitzel of veal

Kroketten, f. pl. - croquette

Ich hätte gerne ... - I would like to have ...

Tomatensuppe, f. - tomato soup

Bratkartoffeln, pl. - fried potatoes

Pommes, pl. - chips, french fries

groß - big

kühl - cold

Der Kellner **notiert** sich die **Bestellung** auf seinem **Notizblock** und schaut dann Frau Fischer an. „Was wünschen Sie?"

„Ich hätte zum **trinken** gerne ein **Mineralwasser**. Als Vorspeise hätte ich gerne eine Spargelcremesuppe, als Hauptgang nehme ich das Putensteak mit Reis. Dazu hätte ich gerne einen kleinen **gemischtenSalat**. Und zum Nachtisch möchte ich ein **Erdbeereis**." sagt Frau Fischer.

„Alles klar", sagt der Kellner. Nachdem die Fischers mit ihrer Bestellung fertig sind, geht der Kellner zu dem Tisch **nebenan**. Dort sitzt **auch** ein **Paar**. Er nimmt auch die Bestellung dieses Paares auf.

Dann **eilt** er in die **Küche**, um die **Bestellungen aufzugeben**.

notieren - to note

Bestellung, f. - order

Notizblock, m. - Notebook

trinken - to drink

Mineralwasser, n. - mineral water

gemischter Salat, m. - mixed salad

Erdbeereis, n. - strawberry ice cream

nebenan - next to

auch - too

Paar, n. - couple

eilen - to hurry

Küche, f. - kitchen

Bestellung aufgeben - to place an order

Frau Fischer und Herr Fischer müssen nicht lange **warten**, bis der Kellner mit einem **Tablett** ankommt, um die **Getränke** zu bringen.

„Ein Bier für den Herrn", sagt er und stellt das **Bierglas** vor Herrn Müller auf einen **Bierdeckel**, „und das **Wasser** für die **Dame**", sagt er, stellt ein **Glas** auf den Tisch und **schenkt** aus einer kleinen **Flasche** Wasser **ein**. Die Flasche stellt er neben das Glas.

„Dankeschön", sagt Frau Fischer.

„Bitte sehr", sagt der Kellner.

Die Fischers **stoßen an**. „**Prost!**", sagt Herr Fischer.

warten - to wait

Tablett, n. - tablet

Getränke, n. pl. - drinks

Bierglas, n. - beer glass

Bierdeckel, m. - coaster

Wasser, n. - water

Dame, f. - lady

Glas, n. - glass

einschenken - to pour something into something

Flasche, f. - bottle

anstoßen - to clink glasses

Es **dauert etwas länger,** bis das Essen kommt. Das Restaurant ist **gut gefüllt** und der Koch hat viel zu tun. Das neue Restaurant ist sehr **erfolgreich**.

Schließlich kommt der Kellner und bringt die Suppen für die Fischers.

Er stellt einen **tiefen Teller** mit Tomatensuppe vor Herrn Fischer ab, und Frau Müller bekommt ihre Spargelcremesuppe.

Die Fischers **bedanken** sich.

dauert etwas länger - it takes a while

gut gefüllt - filled with people

erfolgreich - successful

tiefe Teller - saucer

bedanken - to thank someone

Herr Fischer nimmt seinen Löffel und probiert die Tomatensuppe. „Die ist etwas **fad**", meint er.

Er nimmt sich den Pfefferstreuer, der auf dem Tisch steht, und streut etwas **Pfeffer** in die Suppe. Er **rührt** die Suppe **um** und probiert noch einmal.

„Jetzt ist es besser", sagt er. Beide **löffeln** ihre Suppe aus.

Frau Fischer **kleckert aus Versehen** etwas rote Tomatensuppe auf das **Tischtuch**.

„Ups", sagt sie und versucht mit ihrer Serviette den **Fleck wegzuwischen**.

Als sie fertig sind, kommt der Kellner und räumt die **Suppenteller** ab.

„**Kann ich bitte eine neue Serviette bekommen?**" fragt Frau Fischer.

„Natürlich", sagt der Kellner und gibt Frau Fischer eine neue Serviette.

fad - bland (no taste, not enough spice)

Pfeffer, m. - pepper

umrühren - to stir

auslöffeln - to empty a dish with a spoon

kleckern - to spill

aus Versehen - by accident

Tischtuch, n. - table cloth

Fleck, m. - spot

wegwischen - to wipe away

Suppenteller, m. Kann ich bitte eine neue - soup plate

Serviette bekommen? - Can I get a new napkin, please?

Er kommt bald wieder und bringt den **Salatteller** für Frau Fischer.

In dem gemischten Salat sind **Tomaten, Gurken, Mais, Zwiebeln** und **Salatblätter**.

Danach kommt er mit dem Hauptgericht.

Herrn Fischer stellt er einen großen Teller mit einem großen Schnitzel, Pilzen in heller Soße und Bratkartoffeln hin.

Frau Müller stellt er einen Teller mit einem **Schweinesteak** und Pommes hin.

„Guten Appetit!" sagt der Kellner.

Salatteller - plate with salad

Tomaten, f. pl. - tomatoes

Gurken, f. pl. - cucumber

Mais, m. pl. - corn

Salatblätter, n. pl. - salad leaves

Schweinesteak - steak from the pig

Guten Appetit! - Have a nice meal! (alt. Enjoy!)

"Moment!" sagt Frau Fischer, bevor der Kellner davoneilen kann.

„**Das habe ich nicht bestellt**", sagt Frau Fischer. „Ich habe ein Putensteak bestellt. Das ist ein Schweinesteak. Und ich wollte Reis dazu, keine Pommes."

„Oh…" sagt der Kellner, „das ist nicht das, was Sie bestellt haben? **Das tut mir leid.**"

Der Kellner überlegt. „Ah… das ist mein **Fehler**", sagt er schließlich.

Er nimmt den Teller und bringt ihn zu dem Paar am **Nachbartisch**.

Dann eilt er in die Küche und bringt einen anderen Teller für Frau Fischer.

„Das müsste der richtige Teller sein", sagt er **entschuldigend** zu Frau Fischer.

Frau Fischer schaut sich den Teller an und sagt: „Ja, das ist das Putensteak. Gut."

„Es tut mir wirklich sehr leid. Heute ist viel los", sagt der Kellner. „Ich wünsche einen Guten Appetit."

Moment! - Wait

Das habe ich nicht bestellt. - I did not order this.

Im Restaurant - At The Restaurant

Das tut mir leid. - I am sorry

Fehler, m. - mistake

Nachbartisch, m. - neighbouring table

entschuldigend - apologetically

"Danke", sagt Frau Fischer. Herr Fischer **isst** sein Schnitzel und Frau Fischer isst ihr Putensteak. „Das ist wirklich sehr **lecker**. Die Waldpilze **schmecken vorzüglich**", sagt Herr Fischer. „Schmeckt dir dein Putensteak, Schatz?"

„Ja es ist sehr gut.", sagt Frau Fischer. „Der Koch hier macht das Essen wirklich gut."

Herr Fischer bestellt sich zwischendrin noch ein Bier und Frau Fischer trinkt einen **Apfelsaft**.

isst -> essen - to eat

lecker - tasty

schmecken - to taste

vorzüglich - exquisite

Apfelsaft, m. - apple juice

Nachdem die Fischers mit dem Hauptgang fertig sind, bringt der Kellner den Nachtisch für Frau Fischer: Erdbeereis mit **Schokosoße**.

Er fragt Herrn Fischer, ob dieser nicht auch noch einen Nachtisch haben möchte.

Herr Fischer sagt: „Ja, es passt noch was rein. Ich hätte gerne einen **Apfelstrudel** mit **Sahne** zum Nachtisch."

Der Apfelstrudel ist schnell fertig und **auf dem Tisch**.

Als beide mit dem Nachtisch fertig sind, fragt Frau Fischer ihren Mann:

„**Bist du satt**, Schatz?"

„Ja, ich bin sehr satt", sagt Herr Fischer und **streicht** über seinen **Bauch**.

„Und du? **Hast du noch Hunger?**" fragt er.

„Nein, ich habe keinen Hunger mehr. Ich bin satt. Möchtest du noch was trinken?"

„Nein, ich bin fertig. Von mir aus können wir **bezahlen**", sagt Herr Fischer und **trinkt** sein Bier **aus**.

„Gut", sagt Frau Fischer.

Schokosoße, f. - chocolate sauce

Apfelstrudel, m. - apple strudel

Sahne, f. - cream

auf dem Tisch - food is on the table, ready to eat

Bist du satt? - Are you full?

streichen - to stroke

Bauch, m. - belly

Hast du noch Hunger? - Are you still hungry?

bezahlen - to pay

austrinken - to empty

Frau Fischer **winkt** den Kellner **herbei**.

„**Wir möchten gerne bezahlen**", sagt sie.

Der Kellner geht zur **Kasse** und **holt** die **Rechnung**.

Er kommt zurück zum Tisch und fragt: „**Zusammen oder getrennt?**"

„Zusammen, bitte", sagt Frau Fischer und holt ihr **Portmonee** heraus.

„Heute zahle ich", sagt sie zu ihrem Mann.

Der Kellner legt Frau Fischer die Rechnung hin.

„**Das macht dann** 53,50 Euro." sagt er.

Frau Müller holt 55 Euro aus dem Portmonaie, gibt sie dem Kellner und sagt: „**Das stimmt so.**"

Der Kellner bedankt sich bei Frau Müller und nimmt das **Geld** an.

herbei winken - to wave someone towards you

Wir möchten gerne bezahlen.- - We would like to pay.

Kasse, f. - cash register

holen - to get

Rechnung, f. - bill

Zusammen oder getrennt? - Together or separate?

Portmonee - wallet

Das macht dann ... - That's ... in total

Das stimmt so. - Coll.: Keep the change. (the extra money is tip)

Geld, n. - money

Herr und Frau Fischer gehen satt und **zufrieden** aus dem neuen Restaurant.

Frau Fischer sagt:

„Dieses neue Restaurant ist wirklich gut. Wir sollten hier öfters essen gehen."

„Ja, das sehe ich auch so.", sagt Herr Fischer.

„Aber nächste Woche können wir wieder in das italienische Restaurant gehen." sagt seine Frau.

zufrieden - pleased, happy

öfters - more often

Zusammenfassung

Herr und Frau Fischer gehen jede Woche zusammen essen.

Diese Woche entscheiden sie sich dafür, ein neues Restaurant namens *Schnitzelhaus* auszuprobieren. Herr Fischer reserviert einen Tisch für den Abend. In dem neuen Restaurant ist an diesem Abend viel los. Der Kellner und der Koch haben viel zu tun, und so bekommt Frau Fischer zuerst das falsche Essen hingestellt. Am Ende sind sich die Fischers aber einig, dass sie dieses Restaurant wieder besuchen möchten.

Summary

Every week, Mr. and Mrs. Fischer go out to eat.

This week, they decide to try out a new restaurant: *Schnitzelhaus*. Mr. Fischer reserves a table for the evening. The new restaurant has a lot of customers this evening. The waiter and the chef have a lot to do. As a result, Mrs. Fischer gets served the wrong food at first. But in the end, the Fischers agree that they will visit this restaurant again.

Fragen

1) Was hat Frau Fischer bestellt?

   a) Pizza

   b) Putenschnitzel mit Reis

   c) Schweineschnitzel mit Kroketten

   d) Kotlett mit Pommes

2) Wo gehen Herr und Frau Fischer essen?

   a) In einem chinesischen Restaurant

   b) In einem italiensichen Restaurant

   c) Im Restaurant *Schnitzelhaus*

   d) Sie essen daheim

3) Was trinkt Herr Fischer?

   a) Bier

   b) Mineralwasser

   c) Apfelsaft

   d) Wein

4) Was isst Frau Fischer als Vorspeise?

   a) Tomatensuppe

   b) Eis mit Sahne

   c) Spargelcremesuppe

   d) Apfelstrudel

Richtige Antworten

1) b

2) c

3) a

4) c

Translation

Herr und Frau Fischer möchten heute Abend essen gehen.

Mr. and Mrs. Fischer want to go out to eat tonight.

Sie überlegen noch, wohin sie essen gehen möchten.

They're still figuring out where to eat.

„Worauf hast Du heute Lust, Schatz?", fragt Herr Fischer seine Frau.

"What do you feel like, darling?", Mr. Fischer asks his wife.

„Wie wäre es mir italienisch? Das italienische Restaurant, in dem wir letzte Woche essen waren, war doch sehr gut. Pizza oder Nudeln, das geht immer.", antwortet Frau Fischer.

"How about Italian? The Italian restaurant where we ate last week was very good. Pizza or Pasta, that's always fine.", Mrs. Fischer answers.

„Das stimmt. Es war gut. Aber ich würde gerne diese Woche etwas anderes essen. Wie wäre es mit dem chinesischen Restaurant?"

"That's right. That was good. But I would like to eat something different this week. How about this Chinese restaurant?"

„Auf chinesisch habe ich heute nicht so viel Lust.", sagt Frau Fischer.

"I don't feel like Chinese today.", Mrs. Fischer says.

„Oder wir gehen in das neue *Schnitzelhaus*. Es hat erst diese Woche eröffnet. So ein saftiges Schnitzel, das wäre schon was. Was sagst du dazu?", meint Herr Fischer.

"Or let's go to the new *Schnitzelhaus*. It just opened this week. A juicy schnitzel, that would be nice. What do you think?", Mr. Fischer reckons.

„Ja. Das klingt gut. Wir sollten dort einen Tischreservieren für heute Abend."

"Yes. That sounds good. We should reserve a table for tonight."

„Ich rufe gleich mal da an", sagt Herr Fischer.

"I'll call them right away.", Mr. Fischer says.

Herr Fischer ruft beim *Schnitzelhaus* an.

Im Restaurant - At The Restaurant

Mr. Fischer calls the *Schnitzelhaus*.

„Guten Tag. Herr Schmidt am Apparat", sagt ein Herr.

"Hello. Mr. Schmidt speaking.", a gentleman says.

„Guten Tag. Hier ist Herr Fischer. Bin ich richtig beim *Schnitzelhaus*?", fragt Herr Fischer.

"Hello. This is Mr. Fischer. Is this the *Schnitzelhaus*?", Mr. Fischer asks.

„Ja, Sie sind richtig. Was wünschen Sie?", sagt Herr Schmidt.

"Yes it is. What can I do for you?", Mr. Schmidt says.

„Ich möchte gerne einen Tisch reservieren für heute Abend ab 19 Uhr."

"I would like to reserve a table for tonight 7:00 pm."

„Für wieviele Personen?"

"For how many people?"

„Für zwei Personen.", antwortet Herr Fischer.

"For two people.", Mr. Fischer answers.

„Gut, ein Tisch für zwei Personen ab 19 Uhr, reserviert auf den Namen Fischer."

"Alright, a table for two at 7:00 pm, reserved for Fischer."

„Genau. Vielen Dank! Bis später."

"Exactly. Thank you! See you later."

„Auf Wiedersehen!" sagt Herr Schmidt und legt auf.

"Good bye!", says Mr. Schmidt and hangs up.

Um 19 Uhr kommen Herr und Frau Fischer in das Restaurant *Schnitzelhaus*.

At 7:00 pm, Mr. and Mrs. Fischer enter the restaurant *Schnitzelhaus*.

Das Restaurant ist gut besucht. Es gibt nicht mehr viele freie Tische.

The restaurant is busy. There aren't many free tables left.

Viele Leute wollen das neue Restaurant ausprobieren.

A lot of people want to try the new restaurant.

Herr und Frau Müller hängen ihre Jacken an der Garderobe auf.

Mr. and Mrs. Fischer hang up their jackets on the coat rack.

Ein Kellner kommt den beiden entgegen.

A waiter approaches them.

„Guten Abend!" sagt der Kellner freundlich.

"Good evening!", the waiter says friendly.

„Wir haben einen Tisch reserviert für zwei Personen.", sagt Frau Fischer.

"We reserved a table for two.", Mrs. Fischer says.

„Auf welchen Namen?", fragt der Kellner.

"Under which name?", the waiter asks.

„Fischer."

"Fischer."

„Folgen Sie mir.", sagt der Kellner und leitet die beiden zu einem Tisch an einem Fenster. Der Kellner bringt gleich die Menükarten.

"Follow me.", the waiter says and leads the two to a table at a window. The waiter immediately brings them the menu card.

„Bitte sehr." sagt der Kellner und eilt zu einem anderen Tisch, um dort Geschirr abzuräumen.

"Here you are.", the waiter says and hurries to another table to clear it.

Auf dem Tisch steht schon für jede Person ein Gedeck: große, flache Teller mit einer Serviette daneben, darauf eine Gabel, ein Löffel und ein Messer. Ein Dessertlöffel liegt oberhalb des Tellers. Ein Weinglas für jeden steht auch schon bereit. In der Mitte des Tisches steht eine rote Kerze, welche der Kellner anzündet, und ein kleines Schild, auf dem „Reserviert" steht. Das Schild nimmt der Kellner weg.

On the table, there is already a place setting for each person: large, shallow plates with a napkin next to them, a fork, a spoon and a knife lay on top of the napkin. A dessert spoon is positioned above the plate. A wine glass for everyone is also there. In the middle of the table there is a red candle, which the waiter lights, and a small sign which says "reserved". The waiter takes the sign away.

Auch ein Pfeffersteuer und ein Salzstreuer stehen auf dem Tisch.

There is also a salt and pepper shaker on the table.

Frau Fischer öffnet die Menükarte und schaut sie sich an.

Mrs. Müller opens the menu and has a look.

„Mal schauen, was es hier gibt.", sagt sie.

"Let's see what they have here.", she says.

Die Menükarte ist unterteilt in

- **Vorspeisen**
- **Suppen**
- **Salate**
- **Hauptspeisen**
- **Empfehlung des Hauses**
- **Nachtisch**
- **alkoholfreie Getränke**
- **Biere**
- **Wein**

The menu card is separated into

- Starters
- Soups
- Salads
- Main Dishes
- House Recommendations
- Dessert
- Non-Alcoholic Drinks
- Beers
- Wine

„Ich denke, ich nehme eine Spargelcremesuppe als Vorspeise, ein Putensteak mit Reis als Hauptgang und ein Eis zum Nachtisch.", sagt sie zu ihrem Mann.

"I think I'll have an asparagus cream soup to start, a turkey steak with rice as my main, and ice cream for dessert," she says to her husband.

„Ich nehme ein Schnitzel.", sagt Herr Fischer. „Fährst du heute zurück?"

"I'll have a schnitzel.", Mr. Fischer says. "Will you be driving back tonight?"

„Na gut. Ich hätte ganz gerne den Wein hier probiert. Aber das kann ich auch nächstes Mal machen.", sagt Frau Fischer.

"All right, then. I would have loved to try the wine here. But I can do that next time, too," says Mrs. Fischer.

„Dann nehme ich ein Bier", sagt Herr Fischer zu seiner Frau.

"Then I'll have a beer.", Mr. Fischer says to his wife.

Der Kellner taucht neben dem Tisch auf und fragt: „Möchten Sie bestellen?"

The waiter appears next to the table and asks: "Would you like to order?

„Ja.", sagt Herr Fischer. „Ich würde gerne ein Schnitzel essen. Welches können Sie mir empfehlen?"

"Yes." says Mr. Fischer. "I would like to eat a schnitzel. Which one would you recommend?"

„Ich empfehle Ihnen unser Jägerschnitzel mit frischen Waldpilzen in heller Soße oder ein Kalbsschnitzel mit Kroketten."

"I recommend our Jägerschnitzel with fresh wild mushrooms in light sauce or a veal schnitzel with croquettes."

„Ich hätte gerne das Jägerschnitzel, als Vorspeise eine Tomatensuppe und ein Bier dazu, bitte."

"I would like to have the Jägerschnitzel, a tomato soup to start, and a beer with it, please."

„Möchten Sie zu dem Schnitzel Bratkartoffeln oder Pommes?" fragt der Kellner.

"Would you like to have fried potatoes or French fries?", the waiter asks.

„Ich hätte gerne die Bratkartoffeln."

"I would like to have the fried potatoes."

„Möchten Sie ein großes Bier?»

"Do you want a large beer?"

„Ja, ich hätte gerne ein großes, kühles Bier."

"Yes, I would like to have a large, cool beer."

Der Kellner notiert sich die Bestellung auf seinem Notizblock und schaut dann Frau Fischer an. „Was wünschen Sie?"

The waiter notes the order on his notepad and then looks at Mrs. Fischer. "What would you like?

„Ich hätte zum Trinken gerne ein Mineralwasser. Als Vorspeise hätte ich gerne eine Spargelcremesuppe, als Hauptgang nehme ich das Putensteak mit Reis. Dazu hätte ich gerne einen kleinen gemischten Salat. Und zum Nachtisch möchte ich ein Erdbeereis." sagt Frau Fischer.

"I'd like a mineral water to drink. As a starter, I would like an asparagus cream soup, as a main, I'll have the turkey steak with rice. I would also like a small mixed salad. And for dessert I'd like a strawberry ice cream," says Mrs. Fischer.

„Alles klar", sagt der Kellner. Nachdem die Fischers mit ihrer Bestellung fertig sind, geht der Kellner zu dem Tisch nebenan. Dort sitzt auch ein Paar. Er nimmt auch die Bestellung dieses Paares auf.

"All right.", the waiter says. After the Fischers finished ordering, the waiter goes to the next table. There is another couple sitting there. He also takes the couple's order.

Dann eilt er in die Küche, um die Bestellungen aufzugeben.

Then he hurries into the kitchen to place the order.

Frau Fischer und Herr Fischer müssen nicht lange warten, bis der Kellner mit einem Tablett ankommt, um die Getränke zu bringen.

Mrs. Fischer and Mr. Fischer don't have to wait long until the waiter comes with a tray to serve the drinks.

„Ein Bier für den Herrn,", sagt er und stellt das Bierglas vor Herrn Müller auf einen Bierdeckel, „und das Wasser für die Dame.", sagt er, stellt ein Glas auf den Tisch und schenkt aus einer kleinen Flasche Wasser ein. Die Flasche stellt er neben das Glas.

"A beer for the gentleman,", he says and places the beer glass onto the coaster, "And water for the lady.", he says and places a glass on the table and pours water from a small bottle into it. He puts the bottle next to the glass.

„Dankeschön.", sagt Frau Fischer.

"Thank you very much.", Mrs. Fischer says.

„Bitte sehr.", sagt der Kellner.

"You are welcome.", the waiter says.

Die Fischers stoßen an. „Prost!", sagt Herr Fischer.

The Fischers clink glasses. "Cheers!", Mr. Fischer says.

Es dauert etwas länger, bis das Essen kommt. Das Restaurant ist gut gefüllt und der Koch hat viel zu tun. Das neue Restaurant ist sehr erfolgreich.

It takes a while for the food to arrive. The restaurant is filled with people and the chef has a lot to do. The new restaurant is very successful.

Schließlich kommt der Kellner und bringt die Suppen für die Fischers.

At last, the waiter comes and serves the soups for the Fischers.

Er stellt einen tiefen Teller mit Tomatensuppe vor Herrn Fischer ab, und Frau Müller bekommt ihre Spargelcremesuppe.

He places a soup plate with tomato soup in front of Mr. Fischer and Mrs. Fischer gets the asparagus cream soup.

Die Fischers bedanken sich.

The Fischers thank him.

Herr Fischer nimmt seinen Löffel und probiert die Tomatensuppe. „Die ist etwas fad.", meint er.

Im Restaurant - At The Restaurant

Mr. Fischer takes his spoon and tries the tomato soup. "It's a bit bland," he reckons.

Er nimmt sich den Pfefferstreuer, der auf dem Tisch steht, und streut etwas Pfeffer in die Suppe. Er rührt die Suppe um und probiert noch einmal.

He takes the pepper shaker standing on the table and sprinkles some pepper into the soup. He stirs the soup and tries again.

„Jetzt ist es besser.", sagt er. Beide löffeln ihre Suppe aus.

"Now it is better.", he said. Both of them empty their bowls.

Frau Fischer kleckert aus Versehen etwas rote Tomatensuppe auf das Tischtuch.

Mrs Fischer accidentally spills some red tomato soup on the tablecloth.

„Ups.", sagt sie und versucht mit ihrer Serviette den Fleck wegzuwischen.

"Oops.", she says and tries to wipe the spot away with her napkin.

Als sie fertig sind, kommt der Kellner und räumt die Suppenteller ab.

When they are done, the waiter comes and clears the soup plates.

„Kann ich bitte eine neue Serviette bekommen?" fragt Frau Fischer.

"Can I please get a new napkin?", Mrs. Fischer asks.

„Natürlich.", sagt der Kellner und gibt Frau Fischer eine neue Serviette.

"Of course.", the waiter says and gives Mrs. Fischer a new napkin.

Er kommt bald wieder und bringt den Salatteller für Frau Fischer.

Shortly thereafter, he comes back and serves the plate with salad to Mrs. Fischer.

In dem gemischten Salat sind Tomaten, Gurken, Mais, Zwiebeln und Salatblätter.

The salad contains tomatoes, cucumbers, corn, onions and lettuce leaves.

Danach kommt er mit dem Hauptgericht.

After that, the main course arrives.

Herrn Fischer stellt er einen großen Teller mit einem großen Schnitzel, Pilzen in heller Soße und Bratkartoffeln hin.

He serves Mr. Fischer a big plate with a large schnitzel, mushrooms in a light sauce and fried potatoes.

Frau Fischer stellt er einen Teller mit einem Schweinesteak und Pommes hin.

He serves Mrs. Fischer a plate with a pork steak and chips.

„Guten Appetit!" sagt der Kellner.

„Moment!" sagt Frau Fischer, bevor der Kellner davoneilen kann.

"Wait!", Mrs Fischer says before the waiter is able to hurry away.

„Das habe ich nicht bestellt.", sagt Frau Fischer. „Ich habe ein Putensteak bestellt. Das ist ein Schweinesteak. Und ich wollte Reis dazu, keine Pommes."

"I didn't order that," says Mrs. Fischer. "I ordered a turkey steak. It's a pork steak. And I wanted rice with it, not chips.

„Oh..." sagt der Kellner, „das ist nicht das, was Sie bestellt haben? Das tut mir leid."

"Oh…", the waiter says. "Isn't that what you ordered? I am sorry."

Der Kellner überlegt. „Ah... das ist mein Fehler.", sagt er schließlich.

The waiter thinks. "Ah… that's my mistake.", he says at last.

Er nimmt den Teller und bringt ihn zu dem Paar am Nachbartisch.

He takes the plate and brings it to the couple at the next table.

Dann eilt er in die Küche und bringt einen anderen Teller für Frau Fischer.

Then he rushes into the kitchen and brings another plate for Mrs. Fischer.

„Das müsste der richtige Teller sein.", sagt er entschuldigend zu Frau Fischer.

"This should be the right plate.", he says apologetically to Mrs. Fischer.

Frau Fischer schaut sich den Teller an und sagt: „Ja, das ist das Putensteak. Gut."

Mrs. Fischer looks at the plate and says: "Yes, that is a turkey steak. Good."

Im Restaurant - At The Restaurant

„Es tut mir wirklich sehr leid. Heute ist viel los", sagt der Kellner. „Ich wünsche einen Guten Appetit."

"I am really very sorry. There's a lot going on today.", the waiter says. "I hope you enjoy your meal."

„Danke.", sagt Frau Fischer. Herr Fischer isst sein Schnitzel und Frau Fischer isst ihr Putensteak. „Das ist wirklich sehr lecker. Die Waldpilze schmecken vorzüglich", sagt Herr Fischer. „Schmeckt dir dein Putensteak, Schatz?"

"Thank you." says Mrs. Fischer. Mr. Fischer eats his schnitzel and Mrs. Fischer eats her turkey steak. "This is really very tasty. The wild mushrooms taste delicious," says Mr Fischer. "Do you like your turkey steak, honey?"

„Ja es ist sehr gut.", sagt Frau Fischer. „Der Koch hier macht das Essen wirklich gut."

"Yes, it is very good.", Mrs. Fischer says. "The chef cooks the meals very well."

Herr Fischer bestellt sich zwischendrin noch ein Bier und Frau Fischer trinkt einen Apfelsaft.

In the meantime, Mr. Fischer orders another beer and Mrs. Fischer drinks an apple juice.

Nachdem die Fischers mit dem Hauptgang fertig sind, bringt der Kellner den Nachtisch für Frau Fischer: Erdbeereis mit Schokosoße.

When the Fischers finished their main courses, the waiter brings the dessert for Mrs. Fischer: strawberry ice cream with chocolate sauce.

Er fragt Herrn Fischer, ob dieser nicht auch noch einen Nachtisch haben möchte.

He asks Mr Fischer if he would like to have dessert as well.

Herr Fischer sagt: „Ja, es passt noch was rein. Ich hätte gerne einen Apfelstrudel mit Sahne zum Nachtisch."

Mr. Fischer says: "Yes. There is still room. I would like to have some apple strudel with cream for dessert."

Der Apfelstrudel ist schnell fertig und auf dem Tisch.

The apple strudel is ready quickly and placed on the table.

Als beide mit dem Nachtisch fertig sind, fragt Frau Fischer ihren Mann:

When both finished their dessert, Mrs. Fischer asks her husband:

„Bist du satt, Schatz?"

"Are you full, darling?"

„Ja, ich bin sehr satt.", sagt Herr Fischer und streicht über seinen Bauch.

"Yes, I am very full.", Mr. Fischer says and strokes his belly.

„Und du? Hast du noch Hunger?" fragt er.

"What about you? Are you still hungry?", he asks.

„Nein, ich habe keinen Hunger mehr. Ich bin satt. Möchtest du noch was trinken?"

"No, I'm not hungry anymore. I am full. Would you like another drink?

„Nein, ich bin fertig. Von mir aus können wir bezahlen.", sagt Herr Fischer und trinkt sein Bier aus.

"No, I am done. As far as I'm concerned, we can pay.", Mr. Fischer says and empties his beer.

„Gut", sagt Frau Fischer.

"Good.", says Mrs. Fischer.

Frau Fischer winkt den Kellner herbei.

Mrs. Fischer waves the waiter towards them.

„Wir möchten gerne bezahlen.", sagt sie.

"We would like to pay.", she says.

Der Kellner geht zur Kasse und holt die Rechnung.

The waiter goes to the cash register and gets the bill.

Er kommt zurück zum Tisch und fragt: „Zusammen oder getrennt?"

He comes back to the table and asks: "Together or separate?"

„Zusammen, bitte.", sagt Frau Fischer und holt ihr Portmonee heraus.

"Together, please.", Mrs. Fischer says and takes out her wallet.

„Heute zahle ich.", sagt sie zu ihrem Mann.

"I'm going to pay today.", she says to her husband.

Der Kellner legt Frau Fischer die Rechnung hin.

The waiter gives her the bill.

„Das macht dann 53,50 Euro." sagt er.

"That'l be 53,50 Euro.", he says.

Frau Fischer holt 55 Euro aus dem Portmonee, gibt sie dem Kellner und sagt: „Das stimmt so."

Mrs. Fischer fetches 55 Euro from her wallet, gives it to the waiter and says: "Keep the change."

Der Kellner bedankt sich bei Frau Fischer und nimmt das Geld an.

The waiter thanks Mrs. Fischer and takes the money.

Herr und Frau Fischer gehen satt und zufrieden aus dem neuen Restaurant.

Mr. and Mrs. Fischer leave the new restaurant feeling full and satisfied.

Frau Fischer sagt:

Mrs. Fischer says:

„Dieses neue Restaurant ist wirklich gut. Wir sollten hier öfters essen gehen."

"This new restaurant is really good. We should eat here more often."

„Ja, das sehe ich auch so.", sagt Herr Fischer.

"Yes, I agree.", Mr. Fischer says.

„Aber nächste Woche können wir wieder in das italienische Restaurant gehen." sagt seine Frau.

"But next week we can go back to the Italian restaurant." says his wife.

Hausarbeit – Household Chores

Die Familie Müller **erwartet** am Wochenende **Gäste**.

Frau Müller möchte das **Hausordentlich** haben, wenn die Gäste kommen.

„Heute machen wir **Frühjahrsputz**", sagt Frau Müller zu Thomas und Annika.

„Alles muss **saubergemacht** werden hier. Am Wochenende erwarten wir Gäste. Da soll es hier ordentlich **aussehen**. Annika, würdest du bitte den **Müllrunterbringen**? Und Thomas, kannst du bitte dein Zimmer **aufräumen**?

Ich bringe in der Zeit eine **Wäsche** in den **Keller** zur **Waschmaschine** und **hole** die **Putzmittel** herauf die wir brauchen."

Herr Müller sagt: „Ich **spüle** in der Zeit das **Geschirr** von **gesternab**."

Hausarbeit – Household Chores

erwarten - to await

Gäste, pl. - guests

Haus, n. - house

ordentlich - tidy

Frühjahrsputz, m. - spring-cleaning

sauber - clean

machen - to make

aussehen - to look (like)

Müll, m. - waste

runter bringen - to bring down(stairs)

aufräumen - to clean up

Wäsche, pl. - laundry

Keller, m. - cellar – alt. basement

Waschmaschine, f. - washing machine

holen - to get

Putzmittel, n. pl. - cleaning agent

abspülen - to wash off

Geschirr, n. - dishes

gestern - yesterday

Frau Müller **sammelt** die **dreckige Wäsche** in einem **Wäschekorb ein**. Dann geht sie mit dem **vollen** Wäschekorb in den Keller. Die dreckige Wäsche kommt in die Waschmaschine. Frau Müller **stellt** die Waschmaschine auf 40° C und **Buntwäsche ein**. Dann tut sie etwas **Waschmittel** und **Weichspüler** in das **Fach** in der Waschmaschine. Anschließend kann sie die Waschmaschine **starten**.

Neben der Waschmaschine steht der **Trockner**. Aber heute ist **gutes Wetter**, deswegen wird Frau Müller die Wäsche später im **Garten** auf der **Wäscheleine aufhängen**.

Im Keller hat sie auch ein **Regal** mit Putzmitteln. Sie nimmt einen **Eimer** und tut eine Flasche **Allzweckreiniger**, **Fensterreiniger** und einen **Schwamm** hinein. Sie nimmt auch einen **Wischmopp** mit nach oben.

einsammeln - to collect (into)

dreckige Wäsche - dirty laundry

Wäschekorb, m. - laundry basket

voll - full

einstellen - to adjust

Buntwäsche, pl. - colored laundry

Waschmittel, n. - detergent

Weichspüler, m. - softener

Fach, n. - compartment

starten - to start

Trockner, m. - dryer

gutes Wetter, n. - good weather

Garten, m. - garden

Wäscheleine, f. - washing line

aufhängen - to hang something up

Regal, n. - shelf

Eimer, m. - bucket

Allzweckreiniger, m. - all-purpose cleaner

Fensterreiniger, m. - window cleaner

Schwamm, m. - sponge

Wischmopp, m. - mop

Annika bringt den Müll raus. Der Müll wird **getrenntgesammelt**. **Restmüll**, **Plastikmüll**, **Papier** und **Kompostmüll**. Annika bringt die **Mülltüten** mit dem Restmüll und dem Plastikmüll raus und tut sie in die **Mülltonnen**. Den Kompostmüll bringt sie in den Garten zu dem **Komposthaufen**.

Sie bringt auch die gesammelten **altenFlaschen** raus. Sie läuft zu einem großen **Altglas-Container** in der Nähe, in dem Altglas gesammelt wird, und **wirft** die alten Flaschen und Gläser dort **hinein**.

getrennt - sorted (alt. separate)

sammeln - to collect

Restmüll, m. - residual waste

Plastikmüll, m. - plastic waste

Papier, n. pl. - paper

Kompostmüll, m. - compost waste

Mülltüten, f. pl. - waste bags

Mülltonnen, f. pl. - waste bin (outside)

Komposthaufen, m. - compost heap

alte Flaschen, f. pl. - old bottles

Altglas-Container, m. - container for collecting old glass (alt. bottle bank)

hinein werfen - to throw inside

Währenddessen **nimmt** sich Herr Müller des Geschirrs **an (because: Genitiv).** Er geht in die Küche und **füllt** das **Waschbecken** mit **heißem Wasser.** Er tut **Spülmittel** mit in das Wasser. **Schaumschwimmt** auf dem Wasser. Herr Müller nimmt einen Schwamm und beginnt damit, die **Gläserabzuwaschen.** Dann wäscht er die **Teller, Tassen,** das **Besteck** und **am Ende** die **Töpfe** ab. Bei den Töpfen muss er gut mit einem **Topfschwammschrubben,** um sie sauber zu bekommen. Danach ist das Wasser im Waschbecken sehr **dreckig.** Herr Müller **lässt** das Wasser **ablaufen.** Er **trocknet** mit einem **Geschirrtuch** das saubere Geschirr **ab** und **räumt** es in die Schränke **ein.**

Danach wischt er die **Arbeitsflächen** in der Küche mit einem **Tuch** ab.

sich etwas annehmen - to take on sth. (a chore)

füllen - to fill

Waschbecken, n. - sink

heißes Wasser - hot water

Spülmittel, n. - washing-up liquid

Schaum, m. - foam

schwimmen - to swim

Gläser, n. pl. - glasses

abwaschen - to wash off

Teller, m. pl. - plates

Tassen, f. pl. - cups

Besteck, n. - cutlery

am Ende - at the end, last

Töpfe, m. pl. - pots

Topfschwamm - sponge to clean pots

schrubben - to scrub

dreckig - dirty

ablaufen lassen - to drain the sink

abtrocknen - to dry off something

Geschirrtuch, n. - dishcloth

einräumen - to sort into

Arbeitsflächen, f. pl. - working surface

Tuch, n. - cloth

Thomas räumt sein Zimmer auf. Zuerst **zieht** er sein **Bett ab**. Er macht ein neues **Bettlaken** auf die **Matratze**. Das **Kissen** bekommt einen neuen **Kissenbezug**, und auch die **Bettdecke** bekommt einen neuen **Bezug** in derselben Farbe.

Danach räumt er seine **Kleidung** auf. Die sauberen Sachen **faltet** er ordentlich **zusammen** und räumt sie in seinen Kleiderschrank ein. Seine **Jacke hängt** er an einem **Garderobenhaken auf**.

Die dreckige Kleidung und die Bettwäsche kommen in einen Wäschekorb, der im Bad steht.

abziehen - to pull off

Bett, n. - bed

Bettlaken, n. - linen

Matratze, f. - mattress

Kissen, n. - pillow

Kissenbezug, m. - pillowcase

Bettdecke, f. - blanket

Bezug, m. - cover

Kleidung, f. pl. - clothes

zusammen falten - to fold together

Jacke, f. - jacket

Garderobenhaken, m. - hook to hang up clothes

Thomas räumt alles, was auf dem Boden liegt, in Regale hinein. Auch seinen Schreibtisch räumt er auf. Er räumt die ganzen **herumfliegenden Zettel** in einen ordentlichen **Stapel** in einer **Ablage**. **Wichtige Unterlagen** sortiert er in einen **Ordner ein**.

Er räumt Müll von dem Tisch in einen **Mülleimer**. Als der Schreibtisch **frei** ist, wischt er den Tisch ab.

Jetzt sieht es hier schon viel ordentlicher aus.

herumfliegende Zettel - flying(unorderly) notes

Stapel, m. - pile

Ablage, f. - filing

wichtige Unterlagen, pl. - important documents

einsortieren - to sort into

Ordner, m. - folder

Mülleimer, m. - waste bin

frei - free, clean

Aber auf dem **Läufer** vor dem Bett sind noch **Krümel**. Thomas **nimmt** den Läufer und den **Teppich** aus dem **Wohnzimmer** mit in den Garten und **schüttelt** sie **aus**. Mit einem **Teppichklopferklopft** er den **Staubaus** dem Läufer und aus dem Teppich heraus.

In dem Teppich ist ein **Rotweinfleck**.

Thomas versucht mit Wasser und einem Schwamm den Rotweinfleck zu **entfernen**. Doch **der Fleck ist hartnäckig**.

Er geht zu Frau Müller und fragt: „In dem Teppich aus dem Wohnzimmer ist ein Rotweinfleck. Womit bekomme ich den Fleck weg?"

„Wir haben im Keller noch **Teppichreiniger** stehen. Der wird nicht so oft benutzt. Der Teppichreiniger steht in dem Regal neben dem Trockner."

Läufer, m. - rug

Krümel, m. pl. - crumbs

nehmen - to take

Teppich, m. - carpet

Wohnzimmer, n. - living room

ausschütteln - to shake out

Teppichklopfer, m. - carpet beater

ausklopfen - to beat something

Staub, m. - dust

Rotweinfleck, m. - red wine stain

entfernen - to remove

der Fleck ist hartnäckig- - this stain is difficult to remove

Teppichreiniger - carpet agent

Thomas holt den Teppichreiniger aus dem Keller.

Er **reibt** den Fleck damit **ein**. Der Reiniger muss eine Weile **einwirken**. Deswegen lässt Thomas den Teppich erst einmal im Garten hängen.

Den Läufer nimmt er wieder mit in sein Zimmer und legt ihn vor sein Bett.

Sein Zimmer ist jetzt **sauber**.

einreiben - to rub in

einwirken - to soak in

sauber - clean

Frau Müller kommt aus dem Keller. Sie **schüttet** Glasreiniger und etwas **Essigessenz** in einen Eimer und füllt ihn mit Wasser. Mit einem Tuch **wischt** sie alle **Fenster** im Haus, erst von **innen** und dann von **außen**.

Erst wischt sie mit dem feuchten Tuch das **Glas** **gründlich** ab, danach zieht sie mit dem **Abzieher** das Wasser ab. So bleiben keine **Streifen** auf dem Fenster zurück.

Sie wischt auch den **Fensterrahmen** und die **Fensterbank** ab.

schütten - to pour

Essigessenz, f. - vinegar essence

wischen - to wipe

Fenster, n. pl. - window

innen - inside

außen - outside

Glas, n. - glass

gründlich - thoroughly

Abzieher, m. - squeegee

Streifen, m. pl. - stripes

Fensterrahmen, m. - window frame

Fensterbank, f. - window sill

Annika kommt zurück. Sie nimmt sich einen **Besen** und **fegt** das **Treppenhaus**.

Sie fegt den **Dreck** zu kleinen **Haufen** zusammen. Mit einem **Kehrblech** und einem **Handbesen** nimmt sie die Haufen auf und tut sie in einen Eimer. Als sie fertig ist, **leert** sie den Dreck in einen Mülleimer aus.

Besen, m. - broomstick

fegen - to sweep

Treppenhaus, n. - staircase

Dreck, m. - dirt

Haufen, m. pl. - heaps

Kehrblech, n. - dustpan

Handbesen, m. - brush (that comes with dustpan)

leeren - to empty

Dann geht sie in das Wohnzimmer. Sie fängt an, im Wohnzimmer **staubzuwischen**. Mit einem **Staubfänger** wischt sie den Staub von den **Büchern** im **Bücherregal**.

Sie **sortiert** die Bücher ordentlich. Auch einige **Trophäen**, die im Regal stehen, wischt sie ab. Auf dem **Sofa** liegt eine **Decke** und ein Kissen. Annika schüttelt die Decke aus und **legt** sie ordentlich **zusammen**.

staubwischen - to wipe dust

Staubfänger, m. - dust collector

Bücher, n. pl. - books

Bücherregal, n. - bookshelf

sortieren - to sort

Trophäen, f. pl. - trophies

Sofa, n. - couch

Decke, f. - blanket

zusammen legen - to fold together

Dann holt sie einen **Staubsauger** aus dem Keller. Sie **steckt** den **Stecker** von dem Staubsauger in eine **Steckdose**. Sie fängt an, im Wohnzimmer **staubzusaugen**. Doch der Staubsauger saugt nicht so richtig. Sie macht den Staubsauger aus. Der **Staubsaugerbeutel** im Staubsauger ist **voll**. Sie entfernt den vollen Staubsaugerbeutel und bringt ihn in den Müll. Dann tut sie einen leeren Staubsaugerbeutel in den Staubsauger. Jetzt **funktioniert** der Staubsauger auch.

Staubsauger, m. - vacuum cleaner

stecken - to stick

Stecker, m. - plug

Steckdose, f. - plug socket

staubsaugen - to vacuum sth.

Staubsaugerbeutel, m. - vacuum cleaner bag

voll - full

funktionieren - to work (for devices)

Herr Müller ist noch immer in der Küche **beschäftigt**. Er **putzt** jetzt den **Herd**.

Mit einem Schwamm und **Herdreiniger** schrubbt er die **angebrannten Essensreste** von den **Herdplatten**. Als er fertig ist, spült er alles mit **klarem Wasser** ab.

Danach schrubbt er auch noch den **Ofen** aus. Auch den **Grillrost** aus dem Ofen muss er sauber machen. Das ist viel **Arbeit**.

Wenn er mit dem Herd fertig ist, **wischt** Herr Müller auch noch den **Kühlschrank** und die **Geschirrschränke aus**.

Am Ende putzt er das Waschbecken gründlich.

beschäftigt - to be occupied

putzen - to clean

Herd, m. - stove

Herdreiniger, m. - stove cleaning agent

angebrannte Essensreste - burned rests of food

Herdplatten, f. pl. - stove tops

klares Wasser - clear water

Ofen, m. - oven

Grillrost, m. - cooking grate

Arbeit, f. - work

auswischen - to wipe something out

Kühlschrank, m. - refrigerator

Geschirrschränke, m. pl. - cupboards for dishes

Thomas macht derweilen das **Bad** sauber. Mit Reiniger und **Lappen** putzt er das Waschbecken. Er **reinigt** den **Spiegel** über dem Waschbecken. Die **Duscheseift** er gründlich **aus**. Er **benutzt** auch einen **Kalkreiniger**, um die **Kalkreste** an den **Armaturen** zu entfernen. Danach spült er die Dusche gründlich mit klarem Wasser aus.

Er räumt alle **Sachen** aus dem **Schrank** im Bad, weil darin **alles durcheinander** ist. Dann sortiert er den Schrank neu ein. **FrischeHandtücher** kommen **gefaltet** in ein Fach. **Waschlappen** kommen in ein anderes Fach. **Bürste** und **Haargummis** kommen in ein drittes Fach.

Er hängt frische Handtücher an die **Haken** und tut die **gebrauchten** Handtücher in die Wäsche.

Mit **Toilettenreiniger** und der **Klobürste** reinigt er die **Toilette**.

Bad, n. - bathroom

Lappen, m. - piece of cloth

reinigen - to clean

Spiegel, m. - mirror

Dusche, f. - shower

ausseifen - to soap out / clean out thoroughly

benutzen - to use

Kalkreiniger, m. - agent against limescale

Armaturen, f. pl. - tap

Sachen, f. pl. - things

Schrank, m. - closet

alles durcheinander - everything is a mess, no order at all

frische Handtücher, n. pl. - fresh towels

gefaltet - folded

Waschlappen, m. pl. - facecloth

Bürste, f. - hair brush

Haargummis, n. pl. - hair ties

Haken, m. pl. - hook

gebraucht - used

Toilettenreiniger, m. - toilet-cleaning agent

Klobürste, f. - toilet brush

Toilette, f. - toilet

Dann geht Thomas wieder in den Garten und schrubbt den **roten Fleck** aus dem Teppich raus. Nachdem der Teppichreiniger eine Weile gewirkt hat, geht der Fleck auch raus. Danach muss der Teppich noch etwas trocknen.

Thomas nimmt sich einen Besen **für draußen** und fegt Staub und **Blätter** von der **Terrasse**. Danach nimmt er einen **Rechen** und **recht** alte Blätter und Äste von der Wiese im Garten **zusammen**. Die alten Blätter tut er in einen Eimer und dann auf den Komposthaufen. Dann holt er aus dem **Schuppen** den **Rasenmäher**.

Thomas **mäht** den **Rasen**. Das **Gras** lässt er erstmal liegen, damit es trocknen kann.

Das getrocknete Gras **nutzt** Annika als **Streu** für ihr **Kaninchen**.

roter Fleck - red stain

für draußen - for outside

Blätter, n. pl. - leaves

Terrasse, f. - terrace

Rechen, m. - rake

zusammen rechen - to rake togethe

Äste, m. pl. - branches

Schuppen, m. - shed

Rasenmäher, m. - lawn mower

mähen - to mow the lawn

Rasen - lawn

Gras, n. pl. - grass

nutzen - to use

Streu, n. - litter

Kaninchen, n. - rabbit

Frau Müller ist fertig mit den Fenstern.

„Jetzt kann man auch wieder **hinaus schauen**", sagt sie.

Sie **schüttet** das alte Wasser **weg**. Dann füllt sie neues Wasser in den Eimer mit Reiniger für den **Boden**. Sie wartet noch etwas, bis Annika fertig ist mit Staubsaugen. Danach wischt sie mit dem Wischmopp den Boden **feucht** ab.

Das macht sie im Wohnzimmer, in den **Schlafzimmern**, in der Küche und **zum Schluss** im Bad.

hinaus schauen - to look outside

wegschütten - to pour away

Boden, m. - floor

feucht - humid

Schlafzimmer, n. - bedroom

zum Schluss - at the end, finally

Frau Müller schüttet das alte Wasser in die Toilette und spült den Eimer aus. Dann bringt sie den Wischmopp und den Eimer mit den **Reinigungsmitteln** wieder in den Keller.

Mittlerweile ist die Waschmaschine fertig. Frau Müller **schaltet** die Waschmaschine **aus**.

Sie räumt die Wäsche aus der Waschmaschine in den Wäschekorb. Sie nimmt den Wäschekorb mit der nassen Wäsche in den Garten.

Dort hängt sie die Wäsche mit **Wäscheklammern** an der Wäscheleine auf. Die **Sonne** scheint heute. Die Wäsche sollte schnell trocknen.

Reinigungsmittel, n. pl - cleaning agent

ausschalten - to switch off

Wäscheklammern, f. pl. - clothes peg

Sonne, f. - sun

"Die Küche ist sauber, das Wohnzimmer ist sauber, das Bad ist sauber, die Zimmer sind ordentlich und der Garten auch ... **wunderbar**!

Jetzt ist die Wohnung **blitzblank** und die Gäste können kommen.

Das dauert gar nicht so lange, wenn alle **mithelfen**", sagt Frau Müller zufrieden.

wunderbar - wonderful, great

blitzblank - spick and span

mithelfen - to help with something

Zusammenfassung

Familie Müller erwartet am Wochenende Besuch. Deswegen machen sie heute einen Frühjahrsputz in ihrem Haus. Frau Müller macht die Wäsche, putzt die Fenster und wischt den Boden. Herr Müller wäscht das Geschirr ab und putzt die Küche. Annika bringt den Müll raus und fegt das Treppenhaus.

Thomas räumt sein Zimmer auf und versucht, einen Rotweinfleck aus einem Teppich zu bekommen. Am Ende ist die Wohnung wieder ordentlich aufgeräumt.

Summary

The Müller Family are having guests this weekend. Therefore, they thoroughly clean their house today. Mrs. Müller does the laundry, cleans the windows and wipes the floor. Mr. Müller cleans the dishes and the whole kitchen. Annika takes out the waste and sweeps the staircase. Thomas cleans his room and tries to get rid of a red wine stain in the carpet. In the end, the flat is clean and tidy again.

Fragen

1) Was macht Frau Müller im Keller?
   a) Boden wischen
   b) Wäsche waschen
   c) Herd reinigen
   d) Zimmer aufräumen

2) Wohin bringt Annika die alten Flaschen?
   a) In den Altglas-Container
   b) In den Keller
   c) In den Garten
   d) In eine Mülltonne

3) Wer räumt sein eigenes Zimmer auf?
   a) Frau Müller
   b) Annika
   c) Herr Müller
   d) Thomas

4) Was macht Annika mit dem trockenen Gras?
   a) Das Gras ist für Annikas Kaninchen.
   b) Das Gras kommt auf den Komposthaufen.
   c) Das Gras kommt in den Restmüll.
   d) Das Gras kommt in den Altglas-Container.

Richtige Antworten

1) a und b,
2) a,
3) d,
4) a

Translation

Die Familie Müller erwartet am Wochenende Gäste.

Family Müller are expecting guests on the weekend.

Frau Müller möchte das Haus ordentlich haben, wenn die Gäste kommen.

Mrs. Müller would like the house to be tidy when the guests arrive.

„Heute machen wir Frühjahrsputz.", sagt Frau Müller zu Thomas und Annika.

"Today, we are spring-cleaning.", Mrs. Müller says to Thomas and Annika.

„Alles muss saubergemacht werden hier. Am Wochenende erwarten wir Gäste. Da soll es hier ordentlich aussehen. Annika, würdest du bitte den Müll runterbringen? Und Thomas, kannst du bitte dein Zimmer aufräumen?

"Everything here needs to be cleaned. We are expecting guests at the weekend. It must look tidy in here. Annika, would you please take down the rubbish? And Thomas, can you please clean up your room?

Ich bringe in der Zeit die Wäsche in den Keller zur Waschmaschine und hole die Putzmittel herauf die wir brauchen."

I'll take the laundry to the washing machine in the basement and get the cleaning supplies we need."

Herr Müller sagt: „Ich spüle in der Zeit das Geschirr von gestern ab."

Mr. Müller says: "Meanwhile, I'll do the dishes from yesterday."

Frau Müller sammelt die dreckige Wäsche in einem Wäschekorb ein. Dann geht sie mit dem vollen Wäschekorb in den Keller. Die dreckige Wäsche kommt in die Waschmaschine. Frau Müller stellt die Waschmaschine auf 40° C und Buntwäsche ein. Dann tut sie etwas Waschmittel und Weichspüler in das Fach in der Waschmaschine. Anschließend kann sie die Waschmaschine starten.

Mrs. Müller collects the dirty laundry in a laundry basket. Then she goes to the cellar with the full laundry basket. The dirty laundry goes into the washing machine. Mrs. Müller sets the washing machine to 40° C and coloured laundry. Then she puts some detergent and fabric softener into the compartment in the washing machine. After that, she can start the washing machine.

Neben der Waschmaschine steht der Trockner. Aber heute ist gutes Wetter, deswegen wird Frau Müller die Wäsche später im Garten auf der Wäscheleine aufhängen.

The dryer is next to the washing machine. But as the weather is good today, Mrs. Müller will hang up the laundry on the washing line in the garden later.

Im Keller hat sie auch ein Regal mit Putzmitteln. Sie nimmt einen Eimer und tut eine Flasche Allzweckreiniger, Fensterreiniger und einen Schwamm hinein. Sie nimmt auch einen Wischmopp mit nach oben.

She also has a shelf with cleaning supplies in the basement. She grabs a bucket and puts in a bottle of all-purpose cleaner, window cleaner and a sponge. She also takes a mop upstairs.

Annika bringt den Müll raus. Der Müll wird getrennt gesammelt. Restmüll, Plastikmüll, Papier und Kompostmüll. Annika bringt die Mülltüten mit dem Restmüll und dem Plastikmüll raus und tut sie in die Mülltonnen. Den Kompostmüll bringt sie in den Garten zu dem Komposthaufen.

Annika takes out the rubbish. The rubbish is collected separately. Residual waste, plastic, paper and compost. Annika takes out the rubbish bags with the residual waste and the plastic and puts them in the rubbish bins. She takes the compost to the garden to the compost heap.

Sie bringt auch die gesammelten alten Flaschen raus. Sie läuft zu einem großen Altglas-Container in der Nähe, in dem Altglas gesammelt wird, und wirft die alten Flaschen und Gläser dort hinein.

She also takes out the old bottles. She walks to a container for collecting old glass nearby and throws the bottles and glasses into it.

Währenddessen nimmt sich Herr Müller des Geschirrs an (because: Genitiv). Er geht in die Küche und füllt das Waschbecken mit heißem Wasser. Er tut Spülmittel mit in das Wasser. Schaum schwimmt auf dem Wasser. Herr Müller nimmt einen Schwamm und beginnt damit, die Gläser abzuwaschen. Dann wäscht er die Teller, Tassen, das Besteck

und am Ende die Töpfe ab. Bei den Töpfen muss er gut mit einem Topfschwamm schrubben, um sie sauber zu bekommen. Danach ist das Wasser im Waschbecken sehr dreckig. Herr Müller lässt das Wasser ablaufen. Er trocknet mit einem Geschirrtuch das saubere Geschirr ab und räumt es in die Schränke ein.

Meanwhile, Mr. Müller takes care of the dishes. He goes into the kitchen and fills the sink with hot water. He puts dish soap in the water. Foam floats on the water. Mr. Müller takes a sponge and starts washing the glasses. Then he washes the plates, cups, cutlery and does the pots at the end. With the pots he must scrub them well with a pot sponge to get them clean. Then the water in the sink is very dirty. Mr. Müller drains the water. He dries the clean dishes with a dish towel and puts them in the cupboards.

Danach wischt er die Arbeitsflächen in der Küche mit einem Tuch ab.

He then wipes the worktops in the kitchen with a cloth.

Thomas räumt sein Zimmer auf. Zuerst zieht er sein Bett ab.

Thomas cleans up his room. First, he pulls of the sheets.

Er macht ein neues Bettlaken auf die Matratze. Das Kissen bekommt einen neuen Kissenbezug, und auch die Bettdecke bekommt einen neuen Bezug in derselben Farbe.

He puts a new sheet on the mattress. The pillow gets a new pillowcase, and the duvet also gets a new cover in the same colour.

Danach räumt er seine Kleidung auf. Die sauberen Sachen faltet er ordentlich zusammen und räumt sie in seinen Kleiderschrank ein. Seine Jacke hängt er an einem Garderobenhaken auf.

Then he tidies up his clothes. He folds the clean clothes neatly and puts them in his wardrobe. He hangs his jacket on a coat hook.

Die dreckige Kleidung und die Bettwäsche kommen in einen Wäschekorb, der im Bad steht.

The dirty clothes and bed linen are placed in a laundry basket in the bathroom.

Thomas räumt alles, was auf dem Boden liegt, in Regale hinein. Auch seinen Schreibtisch räumt er auf. Er räumt die ganzen herumfliegenden

Zettel in einen ordentlichen Stapel in einer Ablage. Wichtige Unterlagen sortiert er in einen Ordner ein.

Thomas puts everything on the floor onto shelves. He also cleans up his desk. He puts all the loose papers into a neat stack on a shelf. He sorts important documents into a folder.

Er räumt Müll von dem Tisch in einen Mülleimer. Als der Schreibtisch frei ist, wischt er den Tisch ab.

He puts the rubbish from the desk into a waste bin. When the desk is clear, he wipes it off.

Jetzt sieht es hier schon viel ordentlicher aus.

It is already looking much tidier.

Aber auf dem Läufer vor dem Bett sind noch Krümel. Thomas nimmt den Läufer und den Teppich aus dem Wohnzimmer mit in den Garten und schüttelt sie aus. Mit einem Teppichklopfer klopft er den Staub aus dem Läufer und aus dem Teppich heraus.

But there are still crumbs on the runner in front of the bed. Thomas takes the runner and the rug from the living room into the garden and shakes them off. He beats the dust off the rug with the rug beater.

In dem Teppich ist ein Rotweinfleck.

There is a red wine stain on the rug.

Thomas versucht mit Wasser und einem Schwamm den Rotweinfleck zu entfernen. Doch der Fleck ist hartnäckig.

Thomas tries to remove the red wine stain with water and a sponge. But the stain is hard to remove.

Er geht zu Frau Müller und fragt: „In dem Teppich aus dem Wohnzimmer ist ein Rotweinfleck. Womit bekomme ich den Fleck weg?"

He goes to Mrs. Müller and asks: "There is a red wine stain on the living room rug. How can I get the stain out?"

„Wir haben im Keller noch Teppichreiniger stehen. Der wird nicht so oft benutzt. Der Teppichreiniger steht in dem Regal neben dem Trockner."

Hausarbeit – Household Chores

"There is a carpet cleaner in the basement. It hasn't been used very often. The carpet cleaner is on a shelf next to the dryer."

Thomas holt den Teppichreiniger aus dem Keller.

Thomas gets the carpet cleaner from the basement.

Er reibt den Fleck damit ein. Der Reiniger muss eine Weile einwirken. Deswegen lässt Thomas den Teppich erst einmal im Garten hängen.

He rubs it on the stain. The cleaner needs to soak for a while. That's why Thomas leaves the rug hanging in the garden first.

Den Läufer nimmt er wieder mit in sein Zimmer und legt ihn vor sein Bett.

He takes the rug back into his room and lays it in front of his bed.

Sein Zimmer ist jetzt sauber.

Now his room is clean.

Frau Müller kommt aus dem Keller. Sie schüttet Glasreiniger und etwas Essigessenz in einen Eimer und füllt ihn mit Wasser. Mit einem Tuch wischt sie alle Fenster im Haus, erst von innen und dann von außen.

Mrs. Müller comes up from the basement. She pours glass cleaner and some vinegar into a bucket and fills it with water. She wipes all the windows in the house with a cloth, starting with the inside and then making her way outside.

Erst wischt sie mit dem feuchten Tuch das Glas gründlich ab, danach zieht sie mit dem Abzieher das Wasser ab. So bleiben keine Streifen auf dem Fenster zurück.

First she wipes the glass thoroughly with a damp cloth, then she pulls off the water with a squeegee. That way, no streaks remain on the window.

Sie wischt auch den Fensterrahmen und die Fensterbank ab.

She also wipes off the window frames and the window sill.

Annika kommt zurück. Sie nimmt sich einen Besen und fegt das Treppenhaus.

Annika comes back. She takes a broom and sweeps the staircase.

Sie fegt den Dreck zu kleinen Haufen zusammen. Mit einem Kehrblech und einem Handbesen nimmt sie die Haufen auf und tut sie in einen Eimer. Als sie fertig ist, leert sie den Dreck in einen Mülleimer aus.

She sweeps the dirt into a small pile. She sweeps up the dirt with a dustpan and a brush and puts it into a bucket. When she is finished, she empties the dirt into a rubbish bin.

Dann geht sie in das Wohnzimmer. Sie fängt an, im Wohnzimmer staubzuwischen. Mit einem Staubfänger wischt sie den Staub von den Büchern im Bücherregal.

Then she goes into the living room. She starts dusting the living room. She wipes the dust off the books on the book shelf with a duster.

Sie sortiert die Bücher ordentlich. Auch einige Trophäen, die im Regal stehen, wischt sie ab. Auf dem Sofa liegen eine Decke und ein Kissen. Annika schüttelt die Decke aus und legt sie ordentlich zusammen.

She sorts the books neatly. She also wipes off some trophies on the shelf. There is a blanket and a pillow lying on the couch. She shakes out the blanket and folds it together neatly.

Dann holt sie einen Staubsauger aus dem Keller. Sie steckt den Stecker von dem Staubsauger in eine Steckdose. Sie fängt an, im Wohnzimmer staubzusaugen. Doch der Staubsauger saugt nicht so richtig. Sie macht den Staubsauger aus. Der Staubsaugerbeutel im Staubsauger ist voll. Sie entfernt den vollen Staubsaugerbeutel und bringt ihn in den Müll. Dann tut sie einen leeren Staubsaugerbeutel in den Staubsauger. Jetzt funktioniert der Staubsauger auch.

Then she gets a vacuum cleaner from the basement. She plugs the vacuum cleaner into a socket. She starts vacuuming in the living room. But the vacuum cleaner doesn't work properly. She turns off the vacuum cleaner. The bag in the vacuum cleaner is full. She removes the full bag and puts it in the trash. Then she puts an empty bag in the vacuum cleaner. Now the vacuum cleaner works.

Herr Müller ist noch immer in der Küche beschäftigt. Er putzt jetzt den Herd.

Mr. Müller is still occupied in the kitchen. He is cleaning the stove.

Mit einem Schwamm und Herdreiniger schrubbt er die angebrannten Essensreste von den Herdplatten. Als er fertig ist, spült er alles mit klarem Wasser ab.

With a sponge and a stove cleaner, he scrubs the burnt-on food remains from the stove plates. When he's finished, he rinses everything with clean water.

Danach schrubbt er auch noch den Ofen aus. Auch den Grillrost aus dem Ofen muss er sauber machen. Das ist viel Arbeit.

After that, he scrubs the oven as well. He also has to clean the grill from the oven. That's a lot of work.

Wenn er mit dem Herd fertig ist, wischt Herr Müller auch noch den Kühlschrank und die Geschirrschränke aus.

When he's finished with the stove, Mr. Müller also wipes out the fridge and the cupboards.

Am Ende putzt er das Waschbecken gründlich.

When he's finished, he cleans the sink thoroughly.

Thomas macht derweilen das Bad sauber. Mit Reiniger und Lappen putzt er das Waschbecken. Er reinigt den Spiegel über dem Waschbecken. Die Dusche seift er gründlich aus. Er benutzt auch einen Kalkreiniger, um die Kalkreste an den Armaturen zu entfernen. Danach spült er die Dusche gründlich mit klarem Wasser aus.

In the meantime, Thomas cleans the bathroom. With cleaner and a rag, he cleans the sink. He cleans the mirror over the sink. He thoroughly washes out the shower. He also uses a limescale cleaner to remove the limescale from the taps. Then he thoroughly rinses the shower with clean water.

Er räumt alle Sachen aus dem Schrank im Bad, weil darin alles durcheinander ist. Dann sortiert er den Schrank neu ein. Frische Handtücher kommen gefaltet in ein Fach. Waschlappen kommen in ein anderes Fach. Bürste und Haargummis kommen in ein drittes Fach.

He cleans all the stuff out of the cupboard in the bathroom because it's all mixed up in there. Then he rearranges the cupboard. Fresh towels are folded onto a shelf. Washcloths are placed on another shelf. Brushes and hair elastics are placed on a third shelf.

Er hängt frische Handtücher an die Haken und tut die gebrauchten Handtücher in die Wäsche.

He hangs fresh towels on the hooks and puts the used towels into the laundry basket.

Mit Toilettenreiniger und der Klobürste reinigt er die Toilette.

He cleans the toilet with toilet cleaner and a toilet brush.

Dann geht Thomas wieder in den Garten und schrubbt den roten Fleck aus dem Teppich raus. Nachdem der Teppichreiniger eine Weile gewirkt hat, geht der Fleck auch raus. Danach muss der Teppich noch etwas trocknen.

Then Thomas goes back into the garden and scrubs the red stain out of the carpet. After the carpet cleaning agent has soaked in for a while, the stain is removed easily. Afterwards, the carpet needs to dry for a while.

Thomas nimmt sich einen Besen für draußen und fegt Staub und Blätter von der Terrasse. Danach nimmt er einen Rechen und recht alte Blätter und Äste von der Wiese im Garten zusammen. Die alten Blätter tut er in einen Eimer und dann auf den Komposthaufen. Dann holt er aus dem Schuppen den Rasenmäher.

Thomas takes an outdoor broom and sweeps dust and leaves from the terrace. Afterwards, he takes a rake and rakes together old leaves and sticks from the lawn in the garden. He puts the old leaves into a bucket and then onto the compost heap. Then he takes the lawn mower out of the shed.

Thomas mäht den Rasen. Das Gras lässt er erstmal liegen, damit es trocknen kann.

Thomas mows the lawn. He leaves the grass lying there to dry for now.

Das getrocknete Gras nutzt Annika als Streu für ihr Kaninchen.

Annika uses the dried grass as litter for her rabbit.

Frau Müller ist fertig mit den Fenstern.

Mrs. Müller is done with the windows.

„Jetzt kann man auch wieder hinausschauen.", sagt sie.

"Now you can see out again.", she says.

Sie schüttet das alte Wasser weg. Dann füllt sie neues Wasser in den Eimer mit Reiniger für den Boden. Sie wartet noch etwas, bis Annika fertig ist mit Staubsaugen. Danach wischt sie mit dem Wischmopp den Boden feucht ab.

She pours away the old water. Then she fills the bucket with new water and cleaner for the floor. She waits until Annika has finished vacuuming. Then she mops the floor.

Das macht sie im Wohnzimmer, in den Schlafzimmern, in der Küche und zum Schluss im Bad.

She does that in the living room, in the bedrooms, in the kitchen and ends in the bathroom.

Frau Müller schüttet das alte Wasser in die Toilette und spült den Eimer aus. Dann bringt sie den Wischmopp und den Eimer mit den Reinigungsmitteln wieder in den Keller.

Mrs. Müller pours the old water into the toilet und rinses the buckets. Then she takes the mop and the bucket with the cleaning supplies back into the basement.

Mittlerweile ist die Waschmaschine fertig. Frau Müller schaltet die Waschmaschine aus.

Meanwhile, the washing machine has finished. Mrs. Müller switches the washing machine off.

Sie räumt die Wäsche aus der Waschmaschine in den Wäschekorb. Sie nimmt den Wäschekorb mit der nassen Wäsche in den Garten.

She puts the laundry from the washing machine into the laundry basket. She takes the laundry basket with the wet laundry into the garden.

Dort hängt sie die Wäsche mit Wäscheklammern an der Wäscheleine auf. Die Sonne scheint heute. Die Wäsche sollte schnell trocknen.

There she hangs up the laundry on the washing line with clothes pegs. The sun is shining today. The laundry should dry quickly.

„Die Küche ist sauber, das Wohnzimmer ist sauber, das Bad ist sauber, die Zimmer sind ordentlich und der Garten auch ... wunderbar!

"The kitchen is clean, the living room is clean, the bathroom is clean, the rooms are tidy and the garden as well... wonderful!

Jetzt ist die Wohnung blitzblank und die Gäste können kommen.

Now the flat is spick and span and the guests can come.

Das dauert gar nicht so lange, wenn alle mithelfen.", sagt Frau Müller zufrieden.

When everyone helps, it doesn't even take that long.", Mrs. Müller says contently.

Am Bahnhof – At The Train Station

Herr Smith fährt mit dem Bus zum **Bahnhof**.

Zurzeit besucht er Deutschland.

Herr Smith kommt aus England und lebt dort in London.

Er ist jetzt in Frankfurt. Frankfurt ist eine **Großstadt** in Deutschland. Ein paar Tage hat Herr Smith in Frankfurt verbracht.

Nun möchte er mit dem **Zug** nach Hannover fahren. Hannover ist auch eine Großstadt in Deutschland.

Bahnhof. m. - train station

Großstadt, f. - big city

Zug, m. - train

Herr Smith möchte in Hannover einen Freund besuchen. Sein Freund sagte zu Herrn Smith am Telefon, dass er einen Zug **um 11 Uhr von Frankfurt** nehmen kann. Dieser Zug würde um 16 Uhr in Hannover ankommen.

Mit dem Bus fährt Herr Smith von seinem Hotel zum Bahnhof in Frankfurt. Um 10:30 Uhr ist er am **Hauptbahnhof**. Es gibt nicht nur einen Bahnhof in Frankfurt. Der Hauptbahnhof ist der größte Bahnhof in Frankfurt. Herr Smith betritt den Bahnhof durch den **Haupteingang**. Er zieht seinen **Koffer** hinter sich her.

um 11 Uhr von Frankfurt - at 11 o'clock from Frankfurt

Hauptbahnhof, m. - main station

Haupteingang, m. - main entrance

Koffer, m. - suitcase

Der Hauptbahnhof in Frankfurt ist einer der größten Bahnhöfe in Deutschland. Es gibt hier viele **Gleise**. Über 20 Gleise gibt es in Frankfurt Hauptbahnhof. Viele Züge fahren von hier in andere **Städte** in Deutschland und Europa. Herr Smith sieht viele **Reisende** und **Pendler**.

Gleis, n. - rail, here: rail next to the platform

Städte, f., pl. - cities

Reisende, m./f. pl. - travellers

Pendler, m./f. pl. - commuters

An einem Gleis sieht Herr Smith einen **Regionalzug** stehen. Diese Züge fahren zu den Städten in der **näheren Umgebung**.

An einem anderen Gleis steht ein **Fernzug**. Fernzüge fahren über **größere Distanzen**.

Herr Smith sieht an Gleis 13 einen ICE (InterCity Express) stehen.

Diese sind die schnellsten Züge in Deutschland und können über 200 km/h fahren. Der ICE ist weiß mit roten Streifen an den Seiten.

Mit so einem Zug möchte Herr Smith heute fahren.

Regionalzug, m. - short-distance train

nähere Umgebung, f. - the closer area

Fernzug, m. - long-distance train

größere Distanzen - greater distances

Am Bahnhof – At The Train Station

Herr Schmidt sieht einen **Fahrkartenautomaten**. Dort kann er eine **Fahrkarte** für die **Fahrt** mit dem ICE nach Hannover bekommen.

Am Fahrkartenautomaten ist ein **Bildschirm**. Auf dem Bildschirm kann man mit dem Finger den ersten **Buchstaben** einer Stadt eingeben. Herr Smith gibt ein „H" ein. Dann erscheint eine **Liste** von Städten. Ganz oben in der Liste steht „Hamburg". Herr Smith drückt auf „Hamburg".

Fahrkartenautomat, m. - ticket machine

Fahrkarte, f. - ticket

Fahrt, f. - trip

Bildschirm, m. - display

Danach kann er in einer Liste alle Züge sehen, die heute **von Frankfurt nach Hamburg** fahren.

Herr Smith sieht einen Zug, der um 10:45 Uhr von Frankfurt abfährt. Er überlegt kurz. Sein Freund hatte doch gesagt, das der Zug um 11 Uhr fährt.

Dennoch wählt er diesen Zug aus. Er muss noch die Anzahl der **Fahrgäste** angeben. Herr Smith fährt alleine, also drückt er die 1.

Danach kann Herr Smith die **Zugfahrkarte** bezahlen, und die Fahrkarte wird von dem Fahrkartenautomaten **ausgedruckt**. Auf der Fahrkarte von Herrn Smith steht als **Ziel** „Hamburg".

von Hamburg nach Frankfurt - from Frankfurt to Hamburg

Fahrgäste, pl. - passengers

Zugfahrkarte, f. - train ticket

ausgedruckt - printed out

Ziel, n. - goal/aim/destination

Herr Smith schaut sich seine Fahrkarte an. Darauf steht, dass der Zug an Gleis 14 abfährt. Es ist **nicht viel Zeit** bis zur Abfahrt. Herr Smith geht zum **Bahnsteig** an Gleis 14. Er setzt sich auf eine Bank und wartet auf den Zug. Auf einer **Anzeigetafel** am Gleis sieht er, dass der nächste Zug um 10:45 Uhr nach Hamburg fährt.

Herr Smith überlegt. Er wollte doch nach Hannover fahren.

nicht mehr viel Zeit - not much time

Bahnsteig, m. - platform

Anzeigetafel, f. - destination board

Eine Frau setzt sich neben Herr Smith auf die Bank. Sie hat einen großen **Rucksack** dabei.

Herr Smith spricht die Frau an: "Entschuldigen Sie. **Können Sie mir bitte helfen?**"

„Ja, sicher. Wobei kann ich Ihnen helfen?"

„Fahren Sie mit dem Zug, der um 10:45 Uhr hier abfährt?"

„Ja, ich fahre mit dem Zug nach Hamburg."

„Können Sie mir sagen, ob der Zug in Hannover **hält**?"

„Da bin ich mir nicht sicher. Wir können auf dem **Fahrplan** nachschauen", sagt die Frau und zeigt auf einen gelben Fahrplan, der an einer Tafel am Bahnsteig hängt. Herr Smith und die Frau gehen zu dem Fahrplan. Beide suchen den Zug, der um 10:45 Uhr von diesem Bahnsteig abfährt.

„Da ist der Zug", sagt Herr Smith. „Der Zug fährt **von Frankfurt über Köln und Düsseldorf nach Hamburg.**"

Die Frau sagt: „Dieser Zug hält nicht in Hannover. Sie müssen einen anderen Zug nehmen... ah, da kommt der Zug schon."

„Aber ich habe schon eine Fahrkarte gekauft", sagt Herr Smith, „Was mache ich jetzt?"

„Sie können den **Schaffner** vom Zug fragen", meint die Frau mit dem Rucksack.

Rucksack - backpack

Können Sie mir bitte helfen? - Can you help me, please?

hält - to halt

Fahrplan, m. - timetable

Schaffner, m. - conductor

von Frankfurt über Köln nach Hamburg - from Frankfurt over Cologne to Hamburg

Am Bahnhof – At The Train Station

Der Zug nach Hamburg **fährt ein**. Es ist ein ICE. Es steigen viele Leute aus dem Zug. Am Ende steigt der Schaffner aus. Der Schaffner hat eine blaue **Uniform** an. Der Schaffner **kontrolliert** im Zug die Fahrkarten. Und er weiß sicher, wohin der Zug fährt.

Herr Smith geht zum Schaffner und fragt: „Fährt dieser Zug nach Hannover?"

Der Schaffner schüttelt den Kopf und antwortet: „Nein. Dieser Zug fährt nach Hamburg."

Herr Smith sagt: „Ich möchte mit dem Zug nach Hannover fahren. Ich habe eine Fahrkarte gekauft. Auf der Fahrkarte steht, der Zug nach Hannover fährt von diesem Gleis ab."

„Zeigen Sie mir bitte ihre Fahrkarte. Ich kontrolliere die Fahrkarten."

Herr Smith holt seine Fahrkarte aus der Tasche. Er zeigt dem Schaffner die Fahrkarte. Dieser sieht sich die Fahrkarte an und sagt: "Mit dieser Fahrkarte können Sie nach Hamburg fahren. Möchten Sie nach Hamburg fahren?"

„Nein, ich möchte nicht nach Hamburg fahren", sagt Herr Smith, „Ich möchte nach Hannover fahren."

„Dann haben Sie die **falsche** Fahrkarte gekauft", sagt der Schaffner zu Herrn Smith.

„Oh nein!", sagt Herr Smith. „Was mache ich nun? Kann ich diese Fahrkarte hier am Bahnhof **umtauschen**?"

Der Schaffner nickt. „Ja, das können Sie. Sie können die Fahrkarte umtauschen. Dafür müssen Sie zum **Fahrkartenschalter** gehen." Der Schaffner zeigt Herr Smith wo die Fahrkartenschalter im Bahnhof sind.

fährt ein - train comes into the station

(only use with trains!)

ontrolliert - controls

falsch - wrong

umtauschen - exchange

Zeigen Sie mir bitte Ihre Fahrkarte. - - Show me your ticket, please.

Fahrkartenschalter, m. - ticket booth

Herr Smith geht zu den Fahrkartenschaltern. Vor den Fahrkartenschaltern haben sich schon viele Leute angestellt. Herr Smith muss sich in der **Schlange** hinten anstellen. Er muss warten bis er dran ist. Das dauert lange und der Zug nach Hannover fährt bald. Herr Smith schaut auf die große **Bahnhofsuhr**. 10:45 Uhr zeigt die Uhr an. Der Zug nach Hamburg **fährt ab**. Der Zug nach Hannover fährt um 11 Uhr.

Schlange, f. - queue, alt. line

Bahnhofsuhr, f. - huge clock at the train station

fährt ab - train pulls out of the train station

Die Leute vor Herrn Smith sind endlich **fertig**. Nun ist Herr Smith dran.

„Guten Tag."sagt Herr Smith.

„Guten Tag", sagt der **Fahrkartenverkäufer**, „Wie kann ich helfen?"

„Ich habe **aus Versehen** die falsche Fahrkarte gekauft. Ich möchte nach Hannover fahren. Aber ich habe am Fahrkartenautomat eine Fahrkarte nach Hamburg gekauft. Ich würde gerne die Fahrkarte umtauschen."

„Geben Sie mir die Fahrkarte", sagt der Fahrkartenverkäufer.

Herr Smith gibt ihm die Fahrkarte.

„Ich kann Ihnen eine neue Fahrkarte nach Hannover ausstellen. Das kostet eine **Gebühr**. Möchten Sie das?"

„Ja. Ich muss diesen Zug kriegen", sagt Herr Smith und schaut auf die Uhr.

Es sind noch ein paar Minuten bis der Zug nach Hannover abfährt.

fertig - finish

Fahrkartenverkäufer, m. - ticket clerk

aus Versehen - done by accident

Gebühr, f. - fee

Der Fahrkartenverkäufer kann die Fahrkarte von Herrn Smith umtauschen. Er gibt Herrn Smith die richtige Fahrkarte. Nun steht auf der Fahrkarte von Herrn Smith „Hannover" als Ziel.

Herr Smith schaut auf die Bahnhofsuhr. Es ist nun 10:55 Uhr. Der Zug nach Hannover fährt um 11 Uhr. Das steht auf der Fahrkarte. Auf der Fahrkarte steht auch, dass der Zug von Gleis 5 abfährt.

Herr Smith **eilt** zu dem Gleis, vorbei an Leuten und Koffern.

Endlich kommt er an Gleis 5 an. Das Gleis ist **leer**.

„Der Zug ist schon **abgefahren**. Ich habe den Zug **verpasst**", denkt Herr Smith.

eilt - to hurry along

leer - empty

abgefahren - pulled out already

verpasst - missed

Doch dann hört er eine **Durchsage**. Die Durchsage kommt über die **Lautsprecher** am Bahnsteig. Die **Stimme** sagt: „Ich bitte um Ihre **Aufmerksamkeit**: Der InterCityExpress mit Ziel Hannover an Gleis 5 hat zur Zeit 15 Minuten **Verspätung**."

Herr Smith setzt sich auf eine Bank auf dem Bahnsteig 5. Er wartet auf den Zug nach Hannover. Der Zug kommt um 11:15 Uhr. Herr Smith steigt in den Zug ein. Im Zug kommt der Schaffner in den Wagen und fragt: „Kann ich bitte Ihre Fahrkarte sehen?"

Herr Smith zeigt dem Schaffner seine Fahrkarte.

Der Schaffner **entwertet** die Fahrkarte und sagt: „Das ist die richtige Fahrkarte."

Durchsage, f. - announcement

Lautsprecher, m. - loudspeaker

Stimme, f. - voice

Aufmerksamkeit, f. - attention

Verspätung, f. - Delay

entwertet - ticket gets stamped

Nach der langen Zugfahrt **kommt** Herr Smith in Hannover **an**. Sein Freund **wartet** schon am Gleis auf Herrn Smith.

„Hallo. Wie geht es dir, John?", fragt Herr Smith und gibt John die Hand.

„Mir geht es gut. Wie war die **Zugfahrt**?", fragt John.

„Die Zugfahrt war gut. Der Zug fährt sehr schnell. Aber ich habe in Frankfurt zuerst die falsche Fahrkarte gekauft."

„Du hattest de falsche Fahrkarte gekauft?"

„Ja. Ich hatte aus Versehen eine Fahrkarte nach Hamburg gekauft. Ich musste die Fahrkarte umtauschen. Danach hatte ich nicht mehr viel **Zeit**. Ich bin zum Bahnsteig 5 geeilt. Doch es war kein Zug da. Ich dachte zuerst, dass der Zug schon abgefahren ist. Aber der Zug hatte Verspätung. Ich musste auf den Zug nach Hamburg dann doch noch warten.

„Da hast du aber Glück gehabt. Komm, ich zeige dir Hannover."

kommt an - arriving

warten - to wait

Zugfahrt, f. - train journey

Zeit, f. - time

Zusammenfassung

Herr Smith aus England ist in Deutschland zu Besuch. Er möchte mit dem Zug von Frankfurt nach Hannover fahren. Dort möchte er einen Freund besuchen. Dafür muss er sich das richtige Ticket am Bahnhof kaufen. Am Fahrkartenautomaten holt er sich zunächst das falsche Ticket. Auf dem Ticket steht nicht „Hannover" als Ziel, sondern „Hamburg". Eine Reisende und ein Schaffner helfen Herrn Smith weiter. Er muss das Ticket am Ticketschalter umtauschen. Dort muss er lange warten. Er muss sich beeilen, um seinen Zug nicht zu verpassen. Wird Herr Smith es schaffen, seinen Zug rechtzeitig zu bekommen?

Summary

Mr. Smith from England is visiting Germany. He wants to go by train from Frankfurt to Hannover. There, he wants to visit a friend of his. He has to buy the right ticket at the train station. At the ticket machine he first got himself the wrong ticket. He bought himself a ticket for a train with a destination of Hamburg and no stop in Hannover. A traveler and a conductor help Mr. Smith figure out what to do now. He has to go to the ticket booth to exchange the train ticket. But there he has to wait until it is his turn. Afterwards he has to hurry, so that he does not miss the train. Will Mr Smith still catch his train?

Fragen

1) Wo lebt Herr Smith?
   a) Frankfurt
   b) London
   c) Hamburg
   d) Hannover

2) Wohin möchte Herr Smith mit dem Zug fahren?
   a) Nach Frankfurt
   b) Nach Hamburg
   c) Nach Hannover
   d) Nach Berlin

3) Wo kann man am Bahnhof ein Zugticket kaufen?
   a) Am Fahrkartenschalter
   b) Beim Schaffner
   c) Am Fahrkartenautomat
   d) Am Bahnsteig

4) Bekommt Herr Smith seinen Zug?
   a) Nein. Er muss einen späteren Zug nehmen.
   b) Ja. Herr Smith ist rechtzeitig am Gleis. Der Zug kommt **pünktlich**.
   c) Ja. Herr Smith bekommt seinen Zug, weil dieser Verspätung hat.
   d) pünktlich - punctual

Am Bahnhof – At The Train Station

Translation

Herr Smith fährt mit dem Bus zum Bahnhof.

Mr. Smith takes the bus to the train station.

Zurzeit besucht er Deutschland.

He is currently visiting Germany.

Herr Smith kommt aus England und lebt dort in London.

Mr Smith comes from England and lives there in London.

Er ist jetzt in Frankfurt. Frankfurt ist eine Großstadt in Deutschland. Ein paar Tage hat Herr Smith in Frankfurt verbracht.

He's in Frankfurt now. Frankfurt is a big city in Germany. Mr Smith has spent a few days in Frankfurt.

Nun möchte er mit dem Zug nach Hannover fahren. Hannover ist auch eine Großstadt in Deutschland.

Now he wants to take the train to Hanover. Hannover is also a big city in Germany.

Herr Smith möchte in Hannover einen Freund besuchen. Sein Freund sagte zu Herrn Smith am Telefon, dass er einen Zug um 11 Uhr von Frankfurt nehmen kann. Dieser Zug würde um 16 Uhr in Hannover ankommen.

Mr Smith would like to visit a friend in Hanover. His friend told Mr Smith on the phone that he could take a train from Frankfurt at 11 am. This train would arrive in Hannover at 4:00 pm.

Mit dem Bus fährt Herr Smith von seinem Hotel zum Bahnhof in Frankfurt. Um 10:30 Uhr ist er am Hauptbahnhof. Es gibt nicht nur einen Bahnhof in Frankfurt. Der Hauptbahnhof ist der größte Bahnhof in Frankfurt. Herr Smith betritt den Bahnhof durch den Haupteingang. Er zieht seinen Koffer hinter sich her.

Mr. Smith takes the bus from his hotel to the train station in Frankfurt. By 10:30 am he is at the main station. There isn't just one train station in Frankfurt. The main station is the biggest train station in Frankfurt. Mr. Smith enters the train station through the main entrance. He drags his suitcase behind him.

Der Hauptbahnhof in Frankfurt ist einer der größten Bahnhöfe in Deutschland. Es gibt hier viele Gleise. Über 20 Gleise gibt es in Frankfurt Hauptbahnhof. Viele Züge fahren von hier in andere Städte in Deutschland und Europa. Herr Smith sieht viele Reisende und Pendler.

Frankfurt Main Station is one of the largest railway stations in Germany. There are many tracks here. There are over 20 tracks in Frankfurt Main Station. Many trains run from here to other cities in Germany and Europe. Mr Smith sees many travellers and commuters.

An einem Gleis sieht Herr Smith einen Regionalzug stehen. Diese Züge fahren zu den Städten in der näheren Umgebung.

On one track, Mr Smith sees a regional train. These trains go to the cities in the surrounding area.

An einem anderen Gleis steht ein Fernzug. Fernzüge fahren über größere Distanzen.

There is a long-distance train on another platform. Long-distance trains travel greater distances.

Herr Smith sieht an Gleis 13 einen ICE (InterCity Express) stehen.

Mr. Smith sees an ICE (InterCity Express) at platform 13.

Diese sind die schnellsten Züge in Deutschland und können über 200 km/h fahren. Der ICE ist weiß mit roten Streifen an den Seiten.

These are the fastest trains in Germany and they can go faster than 200 km/h. The ICE is white with red stripes on its sides.

Mit so einem Zug möchte Herr Smith heute fahren.

Mr. Smith wants to go on a train like this today.

Herr Smith sieht einen Fahrkartenautomaten. Dort kann er eine Fahrkarte für die Fahrt mit dem ICE nach Hannover bekommen.

Mr. Smith sees a ticket machine. There he can get a ticket for the trip with the ICE to Hannover.

Am Fahrkartenautomaten ist ein Bildschirm. Auf dem Bildschirm kann man mit dem Finger den ersten Buchstaben einer Stadt eingeben. Herr Smith gibt ein „H" ein. Dann erscheint eine Liste von Städten.

Ganz oben in der Liste steht „Hamburg". Herr Smith drückt auf „Hamburg".

There's a screen on the ticket machine. On the screen you can enter the first letter of a city with your finger. Mr Smith enters an "H". Then a list of cities appears. At the top of the list is "Hamburg". Mr Smith presses "Hamburg".

Danach kann er in einer Liste alle Züge sehen, die heute von Frankfurt nach Hamburg fahren.

He can then see a list of all the trains that run from Frankfurt to Hamburg today.

Herr Smith sieht einen Zug, der um 10:45 Uhr von Frankfurt abfährt. Er überlegt kurz. Sein Freund hatte doch gesagt, dass der Zug um 11 Uhr fährt.

Mr. Smith sees a train leaving Frankfurt at 10:45. He thinks for a moment. His friend had said that the train leaves at 11 o'clock.

Dennoch wählt er diesen Zug aus. Er muss noch die Anzahl der Fahrgäste angeben. Herr Smith fährt alleine, also drückt er die 1.

He selects this train anyway. He still has to enter the number of passengers. Mr. Smith travels alone, so he presses 1.

Danach kann Herr Smith die Zugfahrkarte bezahlen, und die Fahrkarte wird von dem Fahrkartenautomaten ausgedruckt. Auf der Fahrkarte von Herrn Smith steht als Ziel „Hamburg".

Then Mr. Smith pays for the train ticket and the ticket machine prints the ticket. The destination on Mr. Smith's ticket says "Hamburg".

Herr Smith schaut sich seine Fahrkarte an. Darauf steht, dass der Zug an Gleis 14 abfährt. Es ist nicht viel Zeit bis zur Abfahrt. Herr Smith geht zum Bahnsteig an Gleis 14. Er setzt sich auf eine Bank und wartet auf den Zug. Auf einer Anzeigetafel am Gleis sieht er, dass der nächste Zug um 10:45 Uhr nach Hamburg fährt.

Mr. Smith looks at his ticket. It says that the train leaves from track 14. There isn't much time until departure. Mr Smith goes to the platform on track 14. He sits down on a bench and waits for the train. On a display screen on the track he sees that the next train leaves for Hamburg at 10:45 a.m.

Herr Smith überlegt. Er wollte doch nach Hannover fahren.

Mr. Smith thinks. He actually wanted to go to Hannover.

Eine Frau setzt sich neben Herr Smith auf die Bank. Sie hat einen großen Rucksack dabei.

A woman sits down on the bench next to Mr. Smith. She has a big backpack with her.

Herr Smith spricht die Frau an: "Entschuldigen Sie. Können Sie mir bitte helfen?"

Mr. Smith addresses the woman: "Excuse me. Can you help me please?"

„Ja, sicher. Wobei kann ich Ihnen helfen?"

"Yes, sure. How can I help you?"

„Fahren Sie mit dem Zug, der um 10:45 Uhr hier abfährt?"

"Are you taking the train that leaves here at 10:45 am?"

„Ja, ich fahre mit dem Zug nach Hamburg."

"Yes, I'm taking the train to Hamburg."

„Können Sie mir sagen, ob der Zug in Hannover hält?"

"Can you tell me if the train stops in Hannover?"

„Da bin ich mir nicht sicher. Wir können auf dem Fahrplan nachschauen.", sagt die Frau und zeigt auf einen gelben Fahrplan, der an einer Tafel am Bahnsteig hängt. Herr Smith und die Frau gehen zu dem Fahrplan. Beide suchen den Zug, der um 10:45 Uhr von diesem Bahnsteig abfährt.

"I'm not sure. We can have a look at the timetable.", the woman says and points at a yellow timetable hanging on a board at the platform. Mr. Smith and the woman go to the timetable. Both look for the train, that leaves from this platform at 10:45 am.

„Da ist der Zug", sagt Herr Smith. „Der Zug fährt von Frankfurt über Köln und Düsseldorf nach Hamburg."

"There is the train.", Mr. Smith says. "The train goes from Frankfurt via Cologne and Düsseldorf to Hamburg."

Am Bahnhof – At The Train Station

Die Frau sagt: „Dieser Zug hält nicht in Hannover. Sie müssen einen anderen Zug nehmen... ah, da kommt der Zug schon."

The woman says: "This train doesn't stop in Hannover. You'll have to take a different train… ah, there comes the train."

„Aber ich habe schon eine Fahrkarte gekauft.", sagt Herr Smith, „Was mache ich jetzt?"

"But I already bought a ticket.", Mr. Smith says. "What do I do now?"

„Sie können den Schaffner vom Zug fragen.", meint die Frau mit dem Rucksack.

"You can ask the conductor of the train.", the woman with the backpack says.

von Frankfurt über Köln nach Hamburg - from Frankfurt via Cologne to Hamburg

Der Zug nach Hamburg fährt ein. Es ist ein ICE. Es steigen viele Leute aus dem Zug. Am Ende steigt der Schaffner aus. Der Schaffner hat eine blaue Uniform an. Der Schaffner kontrolliert im Zug die Fahrkarten. Und er weiß sicher, wohin der Zug fährt.

The train to Hamburg arrives. It is an ICE. Many people get off the train. At the end the conductor gets off. The conductor is wearing a blue uniform. The conductor checks the tickets on the train. And he certainly knows where the train is going.

Herr Smith geht zum Schaffner und fragt: „Fährt dieser Zug nach Hannover?"

Mr. Smith approaches the conductor and asks: "Does this train go to Hannover?"

Der Schaffner schüttelt den Kopf und antwortet: „Nein. Dieser Zug fährt nach Hamburg."

The conductor shakes his head and answers: "No. This train goes to Hamburg."

Herr Smith sagt: „Ich möchte mit dem Zug nach Hannover fahren. Ich habe eine Fahrkarte gekauft. Auf der Fahrkarte steht, der Zug nach Hannover fährt von diesem Gleis ab."

Mr Smith says: "I want to take the train to Hannover. I bought a ticket. On the ticket it says the train to Hannover leaves from this platform."

„Zeigen Sie mir bitte ihre Fahrkarte. Ich kontrolliere die Fahrkarten."

"Please show me your ticket. I inspect the tickets."

Herr Smith holt seine Fahrkarte aus der Tasche. Er zeigt dem Schaffner die Fahrkarte. Dieser sieht sich die Fahrkarte an und sagt: "Mit dieser Fahrkarte können Sie nach Hamburg fahren. Möchten Sie nach Hamburg fahren?"

Mr. Smith takes his ticket out of his pocket. He shows the ticket to the conductor. He looks at the ticket and says: "With this ticket you can go to Hamburg. Do you want to go to Hamburg?"

„Nein, ich möchte nicht nach Hamburg fahren,", sagt Herr Smith, „Ich möchte nach Hannover fahren."

"No, I don't want to go to Hamburg.", Mr. Smith says, "I want to go to Hannover."

„Dann haben Sie die falsche Fahrkarte gekauft.", sagt der Schaffner zu Herrn Smith.

"Then you've bought the wrong ticket.", the conductor says to Mr. Smith.

„Oh nein!", sagt Herr Smith. „Was mache ich nun? Kann ich diese Fahrkarte hier am Bahnhof umtauschen?"

"Oh no!", Mr. Smith says. "What am I going to do now? Can I exchange the ticket here at the station?"

Der Schaffner nickt. „Ja, das können Sie. Sie können die Fahrkarte umtauschen. Dafür müssen Sie zum Fahrkartenschalter gehen." Der Schaffner zeigt Herr Smith, wo die Fahrkartenschalter im Bahnhof sind.

The conductor nods. "Yes, you can. You can exchange the ticket. You'll have to go to the ticket office." The conductor shows Mr Smith where the ticket counters are in the station.

Herr Smith geht zu den Fahrkartenschaltern. Vor den Fahrkartenschaltern haben sich schon viele Leute angestellt. Herr Smith muss sich in der Schlange hinten anstellen. Er muss warten bis er dran ist. Das dauert

Am Bahnhof – At The Train Station

lange und der Zug nach Hannover fährt bald. Herr Smith schaut auf die große Bahnhofsuhr. 10:45 Uhr zeigt die Uhr an. Der Zug nach Hamburg fährt ab. Der Zug nach Hannover fährt um 11 Uhr.

Mr Smith goes to the ticket counters. A lot of people have queued up in front of the ticket counters. Mr Smith has to line up at the back of the queue. He has to wait his turn. This takes a long time and the train to Hanover will leave soon. Mr Smith looks at the big station clock. It's 10:45am. The train to Hamburg is leaving. The train to Hannover leaves at 11 o'clock.

Die Leute vor Herrn Smith sind endlich fertig. Nun ist Herr Smith dran.

The people in front of Mr. Smith are finally done. Now it's Mr. Smith's turn.

„Guten Tag.", sagt Herr Smith.

"Good day.", Mr. Smith says.

„Guten Tag,", sagt der Fahrkartenverkäufer, „Wie kann ich helfen?"

"Good day.", says the ticket clerk, "How can I help you?"

„Ich habe aus Versehen die falsche Fahrkarte gekauft. Ich möchte nach Hannover fahren. Aber ich habe am Fahrkartenautomaten eine Fahrkarte nach Hamburg gekauft. Ich würde gerne die Fahrkarte umtauschen."

"I bought the wrong ticket by accident. I want to go to Hannover. But I bought a ticket to Hamburg at the ticket machine. I would like to exchange the ticket."

„Geben Sie mir die Fahrkarte.", sagt der Fahrkartenverkäufer.

"Give me your ticket.", the ticket clerk says.

Herr Smith gibt ihm die Fahrkarte.

Mr. Smith gives him the ticket.

„Ich kann Ihnen eine neue Fahrkarte nach Hannover ausstellen. Das kostet eine Gebühr. Möchten Sie das?"

"I can give you a new ticket to Hannover. There is a fee for that. Do you want that?"

„Ja. Ich muss diesen Zug kriegen.", sagt Herr Smith und schaut auf die Uhr.

"Yes. I need to get this train.", Mr. Smith says and looks at the clock.

Es sind noch ein paar Minuten bis der Zug nach Hannover abfährt.

There are still a few minutes left until the train leaves for Hannover.

Der Fahrkartenverkäufer kann die Fahrkarte von Herrn Smith umtauschen. Er gibt Herrn Smith die richtige Fahrkarte. Nun steht auf der Fahrkarte von Herrn Smith „Hannover" als Ziel.

The ticket clerk is able to exchange Mr. Smith's ticket. He hands the right ticket to Mr. Smith. Now the destination on Mr. Smith's ticket reads "Hannover".

Herr Smith schaut auf die Bahnhofsuhr. Es ist nun 10:55 Uhr. Der Zug nach Hannover fährt um 11 Uhr. Das steht auf der Fahrkarte. Auf der Fahrkarte steht auch, dass der Zug von Gleis 5 abfährt.

Mr. Smith looks at the station's clock. It is 10:55 am now. The train to Hannover leaves at 11:00 am. It says so on the ticket. On the ticket is also says, that the train leaves from platform 5.

Herr Smith eilt zu dem Gleis, vorbei an Leuten und Koffern.

Mr. Smith hurries to the platform, past people and suitcases.

Endlich kommt er an Gleis 5 an. Das Gleis ist leer.

Finally, he arrives at platform 5. The platform is empty.

„Der Zug ist schon abgefahren. Ich habe den Zug verpasst", denkt Herr Smith.

"The train pulled out already. I missed the train.", Mr. Smith thinks.

Doch dann hört er eine Durchsage. Die Durchsage kommt über die Lautsprecher am Bahnsteig. Die Stimme sagt: „Ich bitte um Ihre Aufmerksamkeit: Der InterCity Express mit Ziel Hannover an Gleis 5 hat zurzeit 15 Minuten Verspätung."

But then he hears an announcement. The announcement comes from the loudspeakers at the platform. The voice says: "May I have your attention, please. The InterCity Express to Hannover from platform 5 is delayed by 15 minutes."

Am Bahnhof – At The Train Station

Herr Smith setzt sich auf eine Bank auf dem Bahnsteig 5. Er wartet auf den Zug nach Hannover. Der Zug kommt um 11:15 Uhr. Herr Smith steigt in den Zug ein. Im Zug kommt der Schaffner in den Wagen und fragt: „Kann ich bitte Ihre Fahrkarte sehen?"

Mr. Smith sits down on a bench at platform 5. He waits for the train to Hannover. The train arrives at 11:15 am. Mr. Smith gets on the train. In the train, the conductor comes on board and asks: "May I please see your ticket?"

Herr Smith zeigt dem Schaffner seine Fahrkarte.

Mr. Smith shows his ticket to the conductor.

Der Schaffner entwertet die Fahrkarte und sagt: „Das ist die richtige Fahrkarte."

The conductor stamps the ticket and says: "This is the right ticket."

Nach der langen Zugfahrt kommt Herr Smith in Hannover an. Sein Freund wartet schon am Gleis auf Herrn Smith.

After the long trip, Mr. Smith arrives in Hannover. His friend is already waiting for Mr. Smith at the platform.

„Hallo. Wie geht es dir, John?", fragt Herr Smith und gibt John die Hand.

"Hello. How are you, John?", Mr. Smith asks and shakes John's hand.

„Mir geht es gut. Wie war die Zugfahrt?", fragt John.

"I am well. How was the train journey?", John asks.

„Die Zugfahrt war gut. Der Zug fährt sehr schnell. Aber ich habe in Frankfurt zuerst die falsche Fahrkarte gekauft."

"The journey was good. The train is very fast. But I first bought the wrong ticket in Frankfurt."

„Du hattest die falsche Fahrkarte gekauft?"

"You bought the wrong ticket?"

„Ja. Ich hatte aus Versehen eine Fahrkarte nach Hamburg gekauft. Ich musste die Fahrkarte umtauschen. Danach hatte ich nicht mehr viel Zeit. Ich bin zum Bahnsteig 5 geeilt. Doch es war kein Zug da. Ich

dachte zuerst, dass der Zug schon abgefahren ist. Aber der Zug hatte Verspätung. Ich musste auf den Zug nach Hamburg dann doch noch warten.

"Yes. I bought a ticket to Hamburg by accident. I had to exchange the ticket. Then I didn't have much time. I hurried to platform 5. There was no train. At first, I thought that the train had already pulled out. But the train was delayed. I still had to wait for the train to Hannover."

„Da hast du aber Glück gehabt. Komm, ich zeige dir Hannover."

"You were lucky. Come on, I'll show you Hannover."

Selbstversorger – A Self-Sufficient Man

Lukas lebt seit Kurzem allein, zum ersten Mal in seinem Leben.

Solange er studierte, hatte er bei seinen **Eltern** gewohnt, und direkt danach ist er mit seiner Freundin Sonja zusammengezogen.

Lukas ist **Informatiker** und hat einen guten Job. Seine Freundin war **Krankenschwester** im **Schichtdienst**. Das war sehr praktisch für ihn, denn so hatte sie immer einen halben Tag frei, an dem sie sich im Haus um alles **kümmern** konnte.

Eltern - parents

Krankenschwester, f - nurse (only females. Male nurse = Krankenpfleger)

Informatiker - information scientist

Schichtdienst, f - shift duty

sich kümmern um - to care about (ich kümmere mich, etc...)

Lukas ging morgens in sein Büro und kam abends zurück. Mit dem **Haushalt** hatte er nie etwas zu tun, dank der fleißigen Sonja. Wenn sie **Frühschicht** hatte, wartete schon ein schönes **Abendessen** auf ihn. Und wenn sie erst mittags zur Arbeit musste, hat sie **vormittags** eingekauft und Lukas konnte sich am **Kühlschrank** bedienen. Oder er fand sogar schon etwas Fertig**gekochtes** vor, was er nur noch in die Mikrowelle schieben musste. Alles war sehr angenehm.

Haushalt, m - household

Frühschicht, f - morning shift

Abendessen - dinner - dinner

vormittags - ante meridiem, in the morning

Kühlschrank, m - refrigerator

gekocht - cooked

Natürlich ist Lukas ein moderner Mann, der immer im Haushalt geholfen hat! Aber seine Freundin hatte einfach mehr Zeit als er. Und sie sagte auch immer, dass ihr die **Hausarbeit** Spaß macht. Es war ein sehr angenehmes? Leben für Lukas, und er hatte sich daran **gewöhnt**.

Aber irgendwann lief die **Beziehung** auseinander; das **gemeinsame** Leben wurde beiden zu langweilig. Sonja hatte auch **keine Lust** mehr auf ihren Job im Krankenhaus. Und sie hatte schon immer **vorgehabt**, mal etwas anderes zu machen, auch in einer anderen Stadt. Vor zwei Wochen war es dann soweit: Sonja zog aus.

Hausarbeit - chores, homework

sich gewöhnen (an) - to adapt to sth.

Beziehung, f - relationship, f

gemeinsam - common

keine Lust haben (auf etwas) - do not want (to do something)

vor haben (sie hat vorgehabt...) - to plan (she had planned)

Nun lebt Lukas allein, zum ersten Mal in seinen 30 **Lebensjahren**. Er freut sich auf die neue **Herausforderung**. Er mag seine Arbeit, er liebt seine Stadt, und die Wohnung ist schön. Und auch nicht zu groß für einen Single. (Ausserdem – wer weiß – vielleicht bleibt er ja gar nicht so lange solo?) **Ausserdem** lebt er ja gar nicht ganz allein. Sein alter **Kater** Fritz ist auch noch da, der leistet ihm Gesellschaft. Solange Lukas ihn jeden Tag füttert und streichelt, ist es Fritz egal, ob Sonja da ist oder nicht. Eine Katze hat einfache **Ansprüche**....

Lebensjahre - years of one's life

Herausforderung, f - challenge

ausserdem - also

Kater, m - male cat, tomcat

Anspruch, m, Plural: Ansprüche - demand

Als erstes besorgt sich Lukas eine **Putzhilfe**, denn er hat wirklich nicht viel Zeit neben seiner Arbeit. Die kommt drei mal in der Woche, **spült** das **Geschirr**, räumt auf und macht alles schön sauber. Sein Heim ist so sauber und gemütlich, wie es immer war. Lukas ist zufrieden.

Aber die Putzhilfe macht nur sauber, sie kocht nicht und sie kauft auch nicht ein.

Die ersten Tage liefen trotzdem prima. Lukas Freunde waren sehr **mitfühlend**, er wurde zum Essen eingeladen oder man ging mit den Kollegen nach der Arbeit ins Restaurant.

Putzhilfe, f - cleaner - cleaning aid, cleaner

spülen - to wash the dishes

Geschirr, n - crockery

mitfühlend - empathetic, sympathetic, caring

Ausserdem hatte die perfekte Sonja natürlich noch alle **Schränke** gefüllt, bevor sie **auszog**. Sie war es ja gewohnt, für Lukas zu sorgen.

Deshalb hatte Lukas auch kein Problem allein im Haus. Morgens macht er sich schnell ein einfaches Frühstück – Kaffee, ein Toast mit Käse und einer mit Marmelade, und dann gibt es eine Dose **Katzenfutter** für den Kater Fritz. In den Küchenschränken gab es in den ersten Tage noch jede Menge **Vorräte**, und der Kühlschrank war voll.

Schrank, m, Plural: Schränke - cupboard

ausziehen (sie zog aus) - to move out (she moved out)

Katzenfutter, n - cat food

Vorräte, pl - supplies

Aber irgendwann wurden die Schränke leerer, es gab erst keine Chips mehr, dann auch kein **Obst**, und die Dosen mit dem Katzenfutter wurden auch weniger. Ausserdem hat Lukas keine Lust mehr, jeden Abend woanders essen zu gehen. Er will auch mal einen ruhigen Abend haben, ganz für sich allein. Er will nicht jeden Abend bei Freunden sitzen oder in einem Restaurant; zu Hause ist es auch schön. Und es kann ja nicht so schwer sein, sich selber zu **versorgen**, denkt er sich. 'Ich muss demnächst nur ein paar Dinge einkaufen', sagt sich Lukas, 'und dann ist alles gut.' Dass heisst, er nimmt es sich vor. Erst in der ersten Woche, dann in der zweiten. Aber nie findet er die Zeit.

Obst, n - fruit

versorgen (sich) - to look after oneself

Aber an seinem zweiten **Samstagmorgen** allein im Haus will er sich sein Frühstück machen und erlebt eine böse **Überraschung** – es gibt keinen Kaffee mehr! Die Dose neben der Kaffeemaschine ist leer, und auch im Schrank findet er nichts.

'Jetzt reicht es', denkt er sich, 'ich gehe jetzt los und **kümmere** mich um mich selber!'

demnächst - soon, shortly

Selbstversorger – A Self-Sufficient Man

Samstagmorgen - Saturday morning

Überraschung, f - surprise

Und so geht Lukas einkaufen. Nicht nur der Kaffee fehlt. Der Kühlschrank ist mittlerweile fast leer. Ein Glas **Senf** steht dort noch, eine Flasche Tomatenketchup, ein Glas alte **Marmelade**, aber das war es.

Kein Problem, denkt Lukas. Schließlich gibt es um die Ecke einen riesigen Supermarkt, mit **Abteilungen** für alles.

Sonja hatte sich immer **Einkaufslisten** gemacht. Aber das braucht Lukas nicht, sagt er sich. **Schließlich** ist er in seinem Beruf immer gut organisiert, da wird er ja wohl im Kopf behalten können, was er braucht. Es sind ja auch nur ein paar Kleinigkeiten. Er braucht nicht viel, denkt Lukas, Brot, Butter, Zucker, Milch, Kaffee, Käse, **Aufschnitt** und etwas Obst.

Senf - mustard

Marmelade - jam

Abteilungen - departments

Einkaufsliste, f - shopping list

schließlich - after all

Aufschnitt - cold cuts, lunchmeat

Im Supermarkt ist es voll. Anscheinend gehen viele Leute am Samstagmorgen einkaufen, Lukas ist ganz **erstaunt**. In den **Gängen drängen** sich Männer und Frauen, viele haben auch Kinder dabei. Jeder schiebt einen grossen **Einkaufswagen** vor sich her und das **Gedränge** ist groß. Vielleicht hat Sonja deshalb immer versucht, unter der Woche einzukaufen? Mit seinem Beruf kann Lukas es aber nicht anders **einrichten**, er hat nur am Wochenende Zeit. Ausserdem gibt es schon heute keinen Kaffee mehr Zuhause, das kann auf keinen Fall bis Montag warten! Es kann ja auch so lange nicht dauern – schnell rein, schnell raus, nimmt Lukas sich vor.

erstaunt sein - to be astonished

Gang, m, Plural: Gänge - aisle

drängen - to push, shove

Einkaufswagen - shopping cart

Gedränge, n - a pushing and shoving

sich einrichten - to prepare/arrange oneself for s.th.

Also stürzt er sich in das Gedränge. Er sucht sich einen Wagen und und fängt an zu sammeln. Er nimmt sich einen Moment Zeit, um sich zu orientieren. Man ist ja gut organisiert und weiß, was man will!

Butter und Milch sind ganz am Ende des Marktes, Käse und Aufschnitt gleich daneben. So steht es auf den Schildern. Aber, fällt ihm da ein, er braucht auch was zu trinken. Links geht es zu den **Getränken**. Ein Kasten Wasser kommt in den Einkaufswagen. Das Bier war auch alle, und – Ach Gott, ja! – heute morgen gab es auch fast kein Katzenfutter mehr. Das geht natürlich gar nicht – Kater Fritz wird sehr böse, wenn morgens nichts im Fressnapf ist! Auf dem Weg in die **Tierabteilung** kommt er an den **Süßigkeiten** vorbei. Da kann niemand dran vorbei gehen. Auch nicht an den Regalen mit den Chips und **Salzstangen** und so weiter. **Erdnüsse** sind auch eine gute Idee.

Getränk, n - drink, beverage

Kasten - box, case

Tierabteilung - animal department

Süßigkeiten - sweets

Salzstangen - pretzel sticks

Erdnuss, f - peanut, f

Und Lukas will ja auch mal selber etwas kochen, dazu braucht er auch noch Zutaten. **Zuhause** bei seinen Eltern hat er auch immer mal was selbst gemacht, Spaghetti oder eine Suppe. Es ist ja nicht so, als ob Lukas **verwöhnt** wäre oder **unselbständig**. Und außerdem gibt es noch jede Menge leckere **Fertiggerichte** im Supermarkt. Hier was Chinesisches, da was Indisches. Und fertig gekochtes **Sauerkraut** im Beutel. Und Lasagne und original italienische Pizza – lecker! Weiter hinten hat es Eier. Für einen **Strammen Max** braucht er ausserdem noch Schinken. War eigentlich noch genug Salz im Schrank, fragt sich Lukas? Er weiß es nicht mehr, also packt er lieber noch was ein.

Zuhause, n - home

verwöhnt - spoiled

Selbstversorger – A Self-Sufficient Man

unselbständig - dependent

Sauerkraut - sauerkraut, sourcrout

Strammer Max - *German dish:* brown bread with ham and fried egg

Allmählich **stapeln** sich mehr und mehr Dinge in Lukas' Einkaufswagen. Langsam kämpft er sich durch die vielen anderen Leute von Regal zu Regal. **Hackfleisch, Würstchen,** eine ganze **Ananas, Fertigsuppen**; alles wird noch oben auf den Wagen gehäuft. Längst hat er vergessen, dass er eigentlich nur ein paar Dinge wollte. Einen Plan hat er auch schon lange nicht mehr.

sich stapeln - to be piled up

Hackfleisch - ground meat, mincemeat

Würstchen - Hot dog or Frankfurter (literally: little sausage)

Ananas - pineapple

Fertigsuppe, f - instant soup

Endlich hat Lukas sich bis zur Kasse vorgearbeitet. Gar nicht so einfach mit dem riesigen Karren. Unten die Kästen mit Bier und Wasser, oben der grosse Korb voll mit **Lebensmitteln** und was Lukas sonst noch fand. Es sieht aus, als würde er für eine grosse Familie einkaufen. Für eine sehr grosse Familie, und für einen ganzen Monat....

Die Schlange vor der Kasse ist lang, nur ganz langsam kommt Lukas vorwärts. Endlich ist er an der Kasse angekommen, die Familie vor ihm bezahlt gerade. Scheinbar endlos packt er Lebensmittel auf das Band, die Kassiererin tippt und tippt. **Mühsam** packt Lukas seine **Einkäufe** in **Plastikbeutel**.

Lebensmittel - groceries, foodstuff

mühsam - tedious, laborious

Einkäufe - purchases

Plastikbeutel, m & pl - plastic bag (singular & plural)

Als er fertig ist, hat er vier volle grosse Tüten vor sich, einen Kasten Wasser und einen Kasten Bier. Jetzt muss er das alles noch über den riesigen **Parkplatz** schieben und im Auto **verstauen**. Gott sei Dank fährt er einen grossen **Kombi**, da ist Platz für alles.

Als er Zuhause angekommen ist und alles ins Haus geschafft hat, packt er stolz aus - Essen und Getränke für mindestens eine Woche (oder einen Monat?!), alles gut, frisch und lecker. Die Schränke sind wieder voll, in den Kühlschrank passt fast nichts mehr rein. Das Wasser und das Bier kommen in den Keller, denn in der Küche ist kein Platz mehr.

Parkplatz, m - parking lot, parking place

verstauen - stow away

Kombi - estate car

Als alles verstaut ist, geht er zufrieden zur Kaffeemaschine. Jetzt kann er sich endlich in Ruhe setzen und die verdiente Tasse Kaffee trinken!

Kaffee? Kaffee??? Oh nein. Das darf nicht wahr sein! Den hat er vergessen...

Zusammenfassung

Lukas lebt seit Kurzem allein. Bisher hat er nur bei seinen Eltern gewohnt und danach zusammen mit seiner Freundin, die sich alleine um den Haushalt gekümmert hat. Nun ist die Beziehung auseinandergegangen, und Lukas lebt allein. Nach einer Woche ist sein Kühlschrank leer und er hat keinen Kaffee mehr für sein Frühstück.

Also fährt er in den Supermarkt um eine paar wichtige Dinge zu kaufen, und meint, dass er dazu keinen Einkaufszettel braucht. Er ist ja schliesslich ein sehr organisierter Mensch, denkt er.

Wie er aber im Supermarkt ist, packt er immer mehr in seinen Wagen. Als er mit seinen vielen Dingen nach Hause kommt, setzt er sich erleichtert hin und will endlich sein Frühstück haben und seinen Kaffee trinken. Da stellt er fest, dass er den vergessen hat!

Summary

Lukas has been living alone since recently. So far, he has lived only with his parents and then together with his girlfriend, who took care of the household alone. Now the relationship has broken apart and Luke lives by himself.

Selbstversorger – A Self-Sufficient Man

After one week alone at home, his fridge is empty and he has no coffee left for his breakfast? So he goes to the supermarket to buy a few important things, but does not want to do a shopping list beforehand. After all, he is a very organized person, Lukas thinks.

But when he is in the supermarket, he packs more and more into his cart. When he comes home with his many things, he sits down with relief and finally wants to drink his breakfast coffee. Then he realizes that that's the one thing he forgot to buy!

Fragen

1) Seit wann lebt Lukas allein?
   a) Seit er mit dem Studium fertig ist
   b) Seit 2 Wochen
   c) Seit 2 Jahren
   d) Seit er verheiratet ist

2) Was war der Beruf seiner Freundin?
   a) Sonja war Krankenschwester
   b) Sonja war Informatikerin
   c) Sonja hat nicht gearbeitet
   d) Sonja war Putzhilfe

3) Was will Lukas einkaufen?
   a) Kaffee, Wasser, Bier, Lebensmittel
   b) Brot, Butter, Zucker, Milch, Kaffee, Käse, Aufschnitt, Obst
   c) Lukas lässt seine Putzhilfe einkaufen
   d) Brot, Butter, Zucker, Milch, Käse, Aufschnitt, Obst

4) Wie viele Tüten mit Einkäufen hat Lukas am Ende?
   a) Zwei
   b) Drei
   c) Vier
   d) Fünf

Richtige Antworten

1) b
2) a
3) b
4) c

Translation

Lukas lebt seit Kurzem allein, zum ersten Mal in seinem Leben.

Lukas has recently started living alone, for the first time in his life.

Solange er studierte, hatte er bei seinen Eltern gewohnt, und direkt danach ist er mit seiner Freundin Sonja zusammengezogen.

While he was studying, he lived with his parents and immediately afterwards, he and his girlfriend Sonja moved in together.

Lukas ist Informatiker und hat einen guten Job. Seine Freundin war Krankenschwester im Schichtdienst. Das war sehr praktisch für ihn, denn so hatte sie immer einen halben Tag frei, an dem sie sich im Haus um alles kümmern konnte.

Lukas is a computer scientist and has a good job. His girlfriend was a nurse on shift duty. That was very handy for him as she always had half a day off to take care of everything around the house.

Lukas ging morgens in sein Büro und kam abends zurück. Mit dem Haushalt hatte er nie etwas zu tun, dank der fleißigen Sonja. Wenn sie Frühschicht hatte, wartete schon ein schönes Abendessen auf ihn. Und wenn sie erst mittags zur Arbeit musste, hat sie vormittags eingekauft und Lukas konnte sich am Kühlschrank bedienen. Oder er fand sogar schon etwas Fertiggekochtes vor, was er nur noch in die Mikrowelle schieben musste. Alles war sehr angenehm.

In the mornings, Lukas went to the office and came back in the evenings. He never had anything to do with the household thanks to hard-working Sonja. When she had morning shifts, a nice dinner was waiting for him. And when she only had to work at noon, she went shopping in the morning and Lukas was able to help himself to food from the fridge. Or he found pre-cooked meals, which he only had to pop in the microwave. Everything was very convenient.

Natürlich ist Lukas ein moderner Mann, der immer im Haushalt geholfen hat! Aber seine Freundin hatte einfach mehr Zeit als er. Und sie sagte auch immer, dass ihr die Hausarbeit Spaß macht. Es war ein sehr angenehmes Leben für Lukas, und er hatte sich daran gewöhnt.

Of course, Lukas is a modern man who always helped with the household! But his girlfriend simply had more time than him. And she always said that she enjoyed housework. It was a very convenient life for Lukas and he was adapted to it.

Aber irgendwann lief die Beziehung auseinander; das gemeinsame Leben wurde beiden zu langweilig. Sonja hatte auch keine Lust mehr auf ihren Job im Krankenhaus. Und sie hatte schon immer vorgehabt, mal etwas anderes zu machen, auch in einer anderen Stadt. Vor zwei Wochen war es dann soweit: Sonja zog aus.

But at some point the relationship drifted apart; life together became too boring for both of them. Sonja didn't want her job in the hospital anymore either. And she had always intended to do something different, even in another city. Two weeks ago the time had come: Sonja moved out.

Nun lebt Lukas allein, zum ersten Mal in seinen 30 Lebensjahren. Er freut sich auf die neue Herausforderung. Er mag seine Arbeit, er liebt seine Stadt, und die Wohnung ist schön. Und auch nicht zu groß für einen Single. (Außerdem – wer weiß – vielleicht bleibt er ja gar nicht so lange solo?) Außerdem lebt er ja gar nicht ganz allein. Sein alter Kater Fritz ist auch noch da, der leistet ihm Gesellschaft. Solange Lukas ihn jeden Tag füttert und streichelt, ist es Fritz egal, ob Sonja da ist oder nicht. Eine Katze hat einfache Ansprüche....

Now Luke lives alone, for the first time in his 30 years. He is looking forward to the new challenge. He likes his work, he loves his city, and the flat is beautiful. And also not too big for a single. (Besides - who knows - maybe he won't stay single for long?) Besides, he doesn't live all alone. He also doesn't really live alone. There is also his tomcat Fritz, he keeps him company. As long as Lukas feeds and pets him every day, Fritz doesn't care if Sonja is there or not. A cat has simple demands...

Als erstes besorgt sich Lukas eine Putzhilfe, denn er hat wirklich nicht viel Zeit neben seiner Arbeit. Die kommt drei Mal in der Woche, spült das Geschirr, räumt auf und macht alles schön sauber. Sein Heim ist so sauber und gemütlich, wie es immer war. Lukas ist zufrieden.

At first, Lukas gets himself a cleaning lady because he really doesn't have much time beside his work. She comes three times a week, washes the dishes, cleans up and tidies everything neatly. His home is as clean and cosy as always. Lukas is satisfied.

Aber die Putzhilfe macht nur sauber, sie kocht nicht und sie kauft auch nicht ein.

But the cleaning aid only cleans up, she doesn't cook or go shopping.

Die ersten Tage liefen trotzdem prima. Lukas Freunde waren sehr mitfühlend, er wurde zum Essen eingeladen oder man ging mit den Kollegen nach der Arbeit ins Restaurant.

The first few days went well anyway. Lukas' friends were very sympathetic, he was invited to dinner or he and his colleagues went to a restaurant after work.

Außerdem hatte die perfekte Sonja natürlich noch alle Schränke gefüllt, bevor sie auszog. Sie war es ja gewohnt, für Lukas zu sorgen.

And of course the perfect Sonja had filled all the cupboards before she moved out. She was used to taking care of Lukas.

Deshalb hatte Lukas auch kein Problem allein im Haus. Morgens macht er sich schnell ein einfaches Frühstück – Kaffee, ein Toast mit Käse und einer mit Marmelade, und dann gibt es eine Dose Katzenfutter für den Kater Fritz. In den Küchenschränken gab es in den ersten Tagen noch jede Menge Vorräte, und der Kühlschrank war voll.

That's why Lukas didn't have a problem living alone in the house. In the mornings he quickly makes himself a simple breakfast - coffee, a piece of toast with cheese and one with jam, and then there is a can of cat food for Fritz. For the first few days there was still plenty of food in the kitchen cupboards, and the fridge was full.

Aber irgendwann wurden die Schränke leerer, es gab erst keine Chips mehr, dann auch kein Obst, und die Dosen mit dem Katzenfutter wurden auch weniger. Außerdem hat Lukas keine Lust mehr, jeden Abend woanders essen zu gehen. Er will auch mal einen ruhigen Abend haben, ganz für sich allein. Er will nicht jeden Abend bei Freunden sitzen oder in einem Restaurant; zu Hause ist es auch schön. Und es kann ja nicht so schwer sein, sich selber zu versorgen, denkt er sich. 'Ich muss demnächst nur ein paar Dinge einkaufen', sagt sich Lukas, 'und dann ist alles gut.' Das heißt, er nimmt es sich vor. Erst in der ersten Woche, dann in der zweiten. Aber nie findet er die Zeit.

But soon the cupboards became emptier, there were no chips left, then no fruit either, and the supply of cat food started shrinking too. Lukas also didn't want to go for meals at a different place every evening either. Sometimes he just wanted to have a quiet evening to himself. He didn't want to sit with friends every night or at a restaurant; being at home is also nice. And it can't be too difficult to look after oneself, he thinks. 'I need to go shopping for a couple of things soon,', Lukas tells himself, 'and then everything will be fine.' That is, he takes it upon himself to do so. First in the first week, then in the second. But he never finds the time.

Aber an seinem zweiten Samstagmorgen allein im Haus will er sich sein Frühstück machen und erlebt eine böse Überraschung – es gibt keinen Kaffee mehr! Die Dose neben der Kaffeemaschine ist leer, und auch im Schrank findet er nichts.

But on his second Saturday morning alone in the house, he wants to make his breakfast and experiences an unpleasant surprise - there is no more coffee! The can next to the coffee machine is empty, and he finds nothing in the cupboard either.

'Jetzt reicht es', denkt er sich, 'ich gehe jetzt los und kümmere mich um mich selber!'

'That's enough', he thinks, 'now I'll go and take care of myself!'

Und so geht Lukas einkaufen. Nicht nur der Kaffee fehlt. Der Kühlschrank ist mittlerweile fast leer. Ein Glas Senf steht dort noch, eine Flasche Tomatenketchup, ein Glas alte Marmelade, aber das war es.

And so, Lukas goes shopping. There's not only coffee missing. The fridge is almost empty. There is still a glass of mustard, a bottle of ketchup, and a jar of old jam, but that was it.

Kein Problem, denkt Lukas. Schließlich gibt es um die Ecke einen riesigen Supermarkt, mit Abteilungen für alles.

'No problem.' Lukas thinks. There is a big supermarket around the corner with departments for everything.

Sonja hatte sich immer Einkaufslisten gemacht. Aber das braucht Lukas nicht, sagt er sich. Schließlich ist er in seinem Beruf immer gut organisiert, da wird er ja wohl im Kopf behalten können, was er braucht. Es sind ja auch nur ein paar Kleinigkeiten. Er braucht nicht viel, denkt Lukas, Brot, Butter, Zucker, Milch, Kaffee, Käse, Aufschnitt und etwas Obst.

Sonja always wrote shopping lists. But Lukas doesn't need that, he says to himself. After all, he is always well organised at his job, he will surely remember everything he needs. They are only a few little things anyway. He doesn't need much, Lukas thinks, bread, butter, sugar, milk, coffee, cheese, cold cuts and some fruit.

Im Supermarkt ist es voll. Anscheinend gehen viele Leute am Samstagmorgen einkaufen, Lukas ist ganz erstaunt. In den Gängen drängen sich Männer und Frauen, viele haben auch Kinder dabei. Jeder schiebt einen großen Einkaufswagen vor sich her und das Gedränge ist groß. Vielleicht hat Sonja deshalb immer versucht, unter der Woche einzukaufen? Mit seinem Beruf kann Lukas es aber nicht anders einrichten, er hat nur am Wochenende Zeit. Außerdem gibt es schon heute keinen Kaffee mehr Zuhause, das kann auf keinen Fall bis Montag warten! Es kann ja auch so lange nicht dauern – schnell rein, schnell raus, nimmt Lukas sich vor.

The supermarket is crowded. A lot of people obviously go shopping on Saturday mornings, Lukas is quite surprised. Men and women are shoving through the aisles, a lot of them also have children with them. Everyone is pushing a big shopping cart in front of them and the pushing and shoving is insane. Maybe that's why Sonja always tried to go shopping during the week? But with his job, Lukas can't do it any other way, he only has time on the weekend. Also, there is no coffee left at home anymore, and that can't wait till Monday! It can't take that long anyway – quickly in, quickly out, Lukas plans.

Also stürzt er sich in das Gedränge. Er sucht sich einen Wagen und fängt an zu sammeln. Er nimmt sich einen Moment Zeit, um sich zu orientieren. Man ist ja gut organisiert und weiß, was man will!

So he jumps into the pushing and shoving. He looks for a cart and starts to collect. He takes a moment to orientate himself. One is well organised and knows what one wants!

Butter und Milch sind ganz am Ende des Marktes, Käse und Aufschnitt gleich daneben. So steht es auf den Schildern. Aber, fällt ihm da ein, er braucht auch was zu trinken. Links geht es zu den Getränken. Ein Kasten Wasser kommt in den Einkaufswagen. Das Bier war auch alle, und – Ach Gott, ja! – heute Morgen gab es auch fast kein Katzenfutter mehr. Das geht natürlich gar nicht – Kater Fritz wird sehr böse, wenn

morgens nichts im Fressnapf ist! Auf dem Weg in die Tierabteilung kommt er an den Süßigkeiten vorbei. Da kann niemand dran vorbei gehen. Auch nicht an den Regalen mit den Chips und Salzstangen und so weiter. Erdnüsse sind auch eine gute Idee.

Butter and milk are at the end of the market, cheese and cold cuts right next to them. That's what it says on the signs. But he remembers, that he also needs something to drink. Drinks are to the left. A case of water goes into the shopping cart. The beer was gone too, and - oh God, yes! - this morning there was almost no cat food left either. Of course, that can't be – tomcat Fritz will be very angry, if his food bowl were empty tomorrow! On the way to the pet food department he passes the sweets. No one can pass these by, nor the shelves with the chips and salt sticks and so on. Peanuts are a good idea, too.

Und Lukas will ja auch mal selber etwas kochen, dazu braucht er auch noch Zutaten. Zuhause bei seinen Eltern hat er auch immer mal was selbst gemacht, Spaghetti oder eine Suppe. Es ist ja nicht so, als ob Lukas verwöhnt wäre oder unselbständig. Und außerdem gibt es noch jede Menge leckere Fertiggerichte im Supermarkt. Hier was Chinesisches, da was Indisches. Und fertig gekochtes Sauerkraut im Beutel. Und Lasagne und original italienische Pizza – lecker! Weiter hinten hat es Eier. Für einen Strammen Max braucht er außerdem noch Schinken. War eigentlich noch genug Salz im Schrank, fragt sich Lukas? Er weiß es nicht mehr, also packt er lieber noch was ein.

And Lukas also wants to cook for himself, therefore he needs some ingredients. When he lived at home with his parents, he occasionally made himself something, like spaghetti or soup. It's not as if Lukas is spoiled and dependant. And there are also lots of delicious ready-made meals in the supermarket. Here something Chinese, there something Indian. And cooked sauerkraut in a bag. And lasagne and original Italian pizza - yummy! Further in the back, there are eggs. For "Strammer Max", he also needs ham. Is there enough salt left in the cupboard?, Lukas asks himself. He doesn't know, so he grabs some off the shelf.

Allmählich stapeln sich mehr und mehr Dinge in Lukas' Einkaufswagen. Langsam kämpft er sich durch die vielen anderen Leute von Regal zu Regal. Hackfleisch, Würstchen, eine ganze Ananas, Fertigsuppen; alles wird noch oben auf den Wagen gehäuft. Längst hat er vergessen, dass

er eigentlich nur ein paar Dinge wollte. Einen Plan hat er auch schon lange nicht mehr.**

Eventually more and more things pile up in Lukas' shopping cart. He slowly fights his way from shelf to shelf through all the people. Minced meat, hot dogs, a whole pineapple, instant soups; everything continues to pile up on top of the shopping cart. He has long forgotten that he only wanted a few things. He gave up on his plan a long time ago.

Endlich hat Lukas sich bis zur Kasse vorgearbeitet. Gar nicht so einfach mit dem riesigen Karren. Unten die Kästen mit Bier und Wasser, oben der große Korb voll mit Lebensmitteln und was Lukas sonst noch fand. Es sieht aus, als würde er für eine große Familie einkaufen. Für eine sehr große Familie, und für einen ganzen Monat....

Finally, Lukas worked his way to the register. Not that easy with such a huge cart. On the bottom are the cases of beer and water, on top the big basket full of groceries and everything else Lukas found. It looks like he was shopping for a big family. For a very big family, and for a whole month...

Die Schlange vor der Kasse ist lang, nur ganz langsam kommt Lukas vorwärts. Endlich ist er an der Kasse angekommen, die Familie vor ihm bezahlt gerade. Scheinbar endlos packt er Lebensmittel auf das Band, die Kassiererin tippt und tippt. Mühsam packt Lukas seine Einkäufe in Plastikbeutel.

The queue at the register is long and Lukas progresses very slowly. Finally, he arrives at the register, the family in front of him is just finishing paying. Seemingly endlessly he puts groceries onto the belt, the cashier types and types. Tediously, Lukas packs his purchases into plastic bags.

Als er fertig ist, hat er vier volle große Tüten vor sich, einen Kasten Wasser und einen Kasten Bier. Jetzt muss er das alles noch über den riesigen Parkplatz schieben und im Auto verstauen. Gott sei Dank fährt er einen großen Kombi, da ist Platz für alles.

When he is done, he's got four full bags in front of him, a case of water and a case of beer. Now he has to push everything across the huge parking lot and pack everything into the car. Thank god, he drives a big estate car with enough room for everything.

Als er Zuhause angekommen ist und alles ins Haus geschafft hat, packt er stolz aus - Essen und Getränke für mindestens eine Woche (oder einen Monat?!), alles gut, frisch und lecker. Die Schränke sind wieder voll, in den Kühlschrank passt fast nichts mehr rein. Das Wasser und das Bier kommen in den Keller, denn in der Küche ist kein Platz mehr.

After arriving at home and carrying everything into the house, he unpacks proudly – food and beverages for at least a week (or a month?!), everything good, fresh and tasty. The cupboards are full again, and nearly nothing fits into the fridge anymore. The water and the beer go into the basement, as there is no room left in the kitchen.

Als alles verstaut ist, geht er zufrieden zur Kaffeemaschine. Jetzt kann er sich endlich in Ruhe setzen und die verdiente Tasse Kaffee trinken!

When everything is stowed away, he contently goes to the coffee machine. Now he can finally sit down in peace and have a well-deserved cup of coffee!

Kaffee? Kaffee??? Oh nein. Das darf nicht wahr sein! Den hat er vergessen...

Coffee? Coffee??? Oh no. This can't be true! He forgot the coffee...

Auf Den Hund Gekommen – Going To The Dogs

Ich heiße Sonja, und ich bin auf den Hund gekommen.

‚Auf den Hund kommen' ist eine deutsche **Redensart**. Das **bedeutet** eigentlich nicht, einen Hund zu bekommen, sondern man sagt es, wenn jemand oder etwas in schlimme **Umstände** geraten ist. Wenn jemand sein Geld, seine Arbeit oder seine Gesundheit verloren hat, oder wenn ein altes Haus immer schmutziger wird, also wenn jemand oder etwas so richtig **heruntergekommen** ist.

Oder man sagt es **scherzhaft**, wenn jemand sich einen Hund anschafft.... Und das ist mir passiert: ich bin auf den Hund gekommen. Auf einen **mittelgroßen**, schwarz-weißen aus dem **Tierheim**.

Und **seitdem** ist mein Haus auch ziemlich auf den Hund gekommen! In der **sprichwörtlichen** Bedeutung....

Auf den Hund kommen - *idiom*: to go to the dogs

Redensart, f - idiom, expression

bedeuten - to mean, to imply

Umstände, f - circumstances

heruntergekommen - sordid, rundown, *(herunter gekommen)*

scherzhaft - joking, jokingly

mittelgroß - medium-sized

Tierheim - animal shelter

seitdem - since

sprichwörtlich - proverbially

Aber – man soll Geschichten am Anfang **beginnen**, nicht am Ende, also nochmal:

Ich heiße Sonja, und ich hatte mein ganzes Leben lang **Angst** vor Hunden. **Wahrscheinlich** hat mich ein Hund mal sehr **erschreckt**, als ich klein war, aber ich weiß es nicht mehr. Ich habe einfach immer Angst, wenn ich einen Hund sehe.

Wenn man Angst hat vor Hunden, dann merken die das. Angst **riecht**, das machen die Hormone. Der **Geruch** ist zu schwach für unsere Nasen, aber nicht für Hunde. Die riechen das und es macht sie nervös. Wenn ein Hund Angst riecht, bekommt er selber welche, und deshalb **knurrt** er. Wenn ich das Knurren höre, bekomme ich noch mehr Angst. Das riecht der Hund, und er wird noch aggressiver.... Ein echt blöder **Kreislauf**.

beginnen - to begin, to start

Angst, f - anxiety, fear

wahrscheinlich - probably

erschrecken - to frighten, to scare

riechen - to smell

Geruch, m - smell

Kreislauf, m - circulation, rotation

-

Dann bekamen meine besten Freunde einen Hund.

Sie wollten schon lange ein **Haustier**, eine Katze. Also sind sie ins Tierheim, und da war dieser „**süße** Hund", wie meine Freundin erzählt, und er hat **geweint** und ganz traurig **geguckt**, und er war schon seit über einem Jahr im Heim. (**Kein Wunder**, habe ich gedacht, er ist nicht nur sehr groß, sondern auch **hässlich**). Anke und Bastian, so heißen meine Freunde, fanden das furchtbar traurig. Sie haben sofort ihr **Herz verloren**, sagen sie, und das Tier mitgenommen. Bonnie heisst der Hund.

Es war wirklich eine gute Tat von meinen Freunden. Ganz toll, sie werden viele **Pluspunkte** dafür im Buch des Lebens bekommen. Aber nicht in meinem Buch, habe ich gedacht!

Haustier - pet, domestic animal

Tierheim - animal shelter

süß - sweet

weinen - cry

gucken - look

kein Wunder - no surprise *(literary: no wonders)*

hässlich - ugly

sein Herz verlieren - to lose one's heart

Pluspunkt, m - plus point, Brownie point

Denn nun hatte ich Angst, sie zu besuchen.

Die beiden sind meine besten Freunde, und sie wohnen nur 100 m **entfernt** von mir. Deshalb haben wir uns früher jeden Tag gesehen. Aber das wurde nun anders....

Für die beiden wurde es **schwieriger**, **auszugehen**, also keine Sundowner mehr bei mir. Und ich hatte keine grosse Lust mehr auf einen Kaffee mit Anke, wenn dort ein **riesiger** Hund herum läuft und mir Angst macht.

Natürlich habe ich weniger Angst vor Hunden, wenn die **Besitzer** dabei sind und mir sagen, „Der tut nichts". Aber weniger Angst haben ist nicht das gleiche wie keine Angst haben.

entfernt - away

mal eben - just

schwierig - difficult

ausgehen - to go out *(for fun, e.g.* to go out to a party)

riesig - huge

Besitzer - owner

So ging das einen Monat lang. Ich fand es sehr traurig, dass wir uns nicht mehr so einfach sehen konnten. Warum nur haben sie sich einen Hund ins Haus geholt? Sie wollten doch eine Katze?! Das sind doch auch liebe Tiere, viel lieber als Hunde. Und ich habe keine Angst vor Katzen!

Dann musste Bastian ins **Ausland**. Seine Firma hat eine **Filiale** in England, und er muss **regelmäßig** dort hin. Und kaum war er weg, wurde Ankes Vater plötzlich sehr krank. Ihre Eltern leben in München, 500 km weg. Jetzt war die **Not** groß. Ihrer Mutter geht es **sowieso** nicht sehr gut, sie kann ihrem Mann nicht helfen. Das heisst, Anke wurde dringend **gebraucht**.

„Sonja, ich weiß, dass du Hunde nicht magst, aber du musst mir helfen, bitte!!! Ich MUSS nach München, heute noch. Bitte, bitte, bitte **kümmere** dich um unseren Bonnie, ich weiß nicht, was ich sonst tun soll."

Oh je.... Beste Freundin versus **Hundeangst**...

Natürlich gab es da keine Frage. Eine Freundschaft ist eines der **wertvollsten** Dinge im Leben, die darf man nicht verlieren. Angst kann man **bekämpfen**.

Ausland, n - foreign countries, countries abroad

Filiale, f - branch

regelmäßig - regularly

Not, f - distress

sowieso - anyway

brauchen, gebrauchen - to need, to use

(sich) kümmern um - to care about

Hundeangst - fear of dogs

wertvoll - precious

bekämpfen - to fight against, to cope with s.th.

Also habe ich mit **weichen Knien** einen langen Zettel **in Empfang genommen**, eine „To Do" Liste für dog-sitters:

Morgens: In den Garten lassen, dort kann er rennen und Pipi machen. In der Zeit das **Fressen** vorbereiten und die **Wasserschüssel** auffüllen. Nach **ungefähr** 15 Minuten Bonnie wieder ins Haus holen, **füttern**, dann darf ich nach Hause gehen. Mittags: **Gassi gehen** im Wald hinter dem Haus. Wenn andere Hunde uns **entgegenkommen**: Anhalten, STOPP und SITZ rufen. Wenn Bonnie dann sitzt, bekommt er ein **Leckerli**. (**Ekelig**, er leckt mir dabei die Hand ab...). Warten, bis der andere Hund vorbei gegangen ist.

Circa eine halbe Stunde sollen wir mindestens laufen. (Auch bei Regen, frage ich??? Ja natürlich, sagt Anke, das muss bei jedem Wetter sein! Ufffff....) Abends: Wieder Gassi gehen, diesmal nicht im Wald, sondern auf der Strasse. Danach Abendessen. Für Bonnie, meins darf ich mir dann noch machen.... Ein volles Programm!

weiche Knie haben/bekommen - *idiom:* to become afraid *(literally:* to have/get soft knees)

Empfang, m - reception, *In Empfang nehmen* = to take delivery of s.th.

nehmen, genommen - to take

Fressen, n - to eat

Wasserschüssel , f - water bowl

ungefähr - approximately

füttern - to feed

Gassi gehen - *coll.* to go walkies, to walk the dog

entgegen - towards

Leckerli - *coll.* treat, goodie

ekelig - disgusting, icky, gross

Der erste Tag.

Mit weichen Knien gehe ich die paar Schritte zu meinen Freunden. Mit **klopfendem** Herzen öffne ich die Tür. Und werde fast **umgeworfen**. Direkt dahinter wartet Bonnie. Er winselt und rennt wie wild um mich herum. Und bellt. Laut. Aber – Gott sein Dank – er knurrt nicht. **ImGegenteil**, obwohl mir das Herz wie wild klopft vor Angst, scheint er sehr glücklich zu sein, mich zu sehen! Das ist mir noch nie **passiert** mit Hunden.

Langsam wird er ruhiger und ich mache ihm die Tür zum Garten auf, fülle den Fressnapf, alles nach Plan. Er frisst, ich gehe nach Hause. Mittags: Ich öffne die Tür, diesmal fast ohne Angst. Der Hund kommt auch gleich wieder angerannt, bellt, winselt; er ist **offensichtlich** sehr froh mich zu sehen. Klar, er ist ja jetzt schon eine Nacht und einen Vormittag allein im Haus. Bestimmt hat er Angst, dass er Anke und Bastian nie wieder sieht und er wieder ins Tierheim muss. Er tut mir leid, und ich **streichele** ihn ein bisschen.

klopfend - knocking

umwerfen, umgeworfen - throw away,

Gegenteil, n - opposite, contrary, reverse

im Gegenteil - on the contrary, if anything

passieren - happen

offensichtlich - obviously

streicheln - to pet, to caress

Dann gehen wir Gassi. Natürlich kommt gleich zu Anfang eine andere Frau mit Hund. Gott sei Dank nur ein **Dackel**, vor kleinen Hunden habe ich keine Angst. Ich rufe Stopp und Sitz und **staune**: Bonnie **gehorcht** mir! Toll.... Auch der **Spaziergang** am Abend verläuft ohne Probleme. Am Ende des Tages gehe ich **erschöpft** aber auch **erleichtert** ins Bett. Das ist besser gelaufen, als ich gedacht habe!

Jeden Tag läuft das jetzt so ab, und jeden Tag freut sich Bonnie mehr, wenn ich komme. Am Ende der Woche komme ich fast nicht mehr durch die Tür. Sobald ich drin bin, habe ich einen grossen Hund an mir hängen, der versucht, mir das Gesicht zu lecken. **Igitt**! Aber auch nett...

Anke ruft natürlich täglich an. Ihrem Vater geht es nicht gut, sie ist in grosser Sorge. „Mach dir um Bonnie keine Gedanken", sage ich. „Wir kommen prima klar! Bleib solange du willst. Deine **Eltern** brauchen dich jetzt."

Dackel, m - dachshund

staunen - to marvel

gehorchen - to obey

Spaziergang, m - walk, ramble

erschöpft - exhausted

erleichtert - relieved, eased, at ease

igitt - Yuck! Gross!

Eltern - parents

Und so bleibt Anke zwei Wochen und dann eine dritte. Ich gehe jeden Tag mit dem Hund, und ich bleibe jeden Tag etwas länger bei ihm. Bonnie ist so ein lieber **Kerl**. Egal was ich ihm sage, er hört sofort. Stopp, Sitz, Platz, Langsam, Warte... Er kennt viele **Befehle** und **befolgt** sie alle. Und er liebt mich! Jedenfalls sieht er mich so an. Ab und zu macht er auch **Unsinn**. Aber dabei ist er so lustig, dass ich nur lachen muss.

In der zweiten Woche bekomme ich einen neuen **Arbeitsauftrag** und muss den ganzen Tag vor dem Computer sitzen. Da ist es schon **lästig**, drei mal am Tag zu Bonnie zu gehen. Vielleicht ist es ja doch nicht so schlimm, einen Hund im Haus zu haben, überlege ich?

Kerl, m - bloke, chap, guy

Befehl, m - command

befolgen - to follow

Unsinn, m - nonsense

Arbeitsauftrag, m - work order/assignment

lästig - annoying, tedious

überlegen - to consider, to reflect

Nach dem **morgendlichen** Fressen gehe ich Gassi. Aber nicht in den Wald und auch nicht die Strasse herauf und wieder runter, sondern zu meinem

Haus. Dort sage ich zu Bonnie: „Willkommen bei mir. Und **wehe**, du machst was kaputt!"

Erst ist er ganz ängstlich, alles ist neu, alles anders. Er **klebt** an mir. Wenn ich am Computer sitze, liegt er unterm **Schreibtisch**, wenn ich in die Küche gehe, sitzt er vor dem **Kühlschrank**. Wenn ich aufs **Klo** gehe, kratzt er an der Tür.

Witzig. Und **rührend**.

morgendlich - morning

wehe - *coll.* Don't you dare/you better not....

ängstlich - scared, afraid, timid

kleben - to stick

Schreibtisch - writing desk

Kühlschrank - fridge

Klo - *coll.* loo, WC

rührend - touching

So vergeht die zweite Woche und auch die dritte. Mittlerweile habe ich den Hund ganz bei mir **zuhause**, Tag und Nacht. Natürlich darf er auf keinen Fall in mein **Schlafzimmer**! Oder... naja, vielleicht darf er rein, aber nicht auf mein Bett! Da bleibe ich wirklich hart.

Ankes Vater geht es endlich besser. Und Bastians **Auftrag** in England ist beendet, Ende der Woche werden beide wieder zuhause sein. Ich muss doch **bestimmt** sehr froh sein, sagt Anke, dass ich endlich wieder ein Leben ohne Hund führen kann. Ja klar, sage ich, das wird toll.

Samstag ist es dann soweit, Anke steht **strahlend** bei mir vor der Tür! Und dann geht sie strahlend wieder weg, mit einem sehr glücklichen Hund.

So **still** war mein Haus noch nie. Und so **allein** war ich noch nie....

Ich halte es nur einen halben Tag aus, dann stehe ich vor Ankes Tür. Ich freue mich sehr auf einen Kaffee mit ihr, aber fast noch mehr auf Bonnie! Und der freut sich auf meinen Besuch!

Schlafzimmer, n - sleeping room

Auftrag, m - task, assignment

bestimmt - certainly

strahlend - radiant, beaming

still - quiet

allein - alone

Übrigens – heute morgen war ich im Tierheim! Ich bin jetzt **stolzes Frauchen** von Bruno. Den hatte jemand auf einem **Autobahnparkplatz** ausgesetzt! Der arme Kerl... Bei mir wird er es gut haben, ich werde ihn nie wieder hergeben!

Aber wenn ich mich in meinem **Wohnzimmer** umschaue – eine nicht sehr saubere Decke auf meinem schönen Sofa, ein zerkauter Pantoffel darunter, **Plastiknäpfe** in der Küche, ein alter **Knochen** neben dem Fernseher... Meine Wohnung ist jetzt ganz schön auf den Hund gekommen!

übrigens - by the way

stolz - proud

Frauchen, n - mistress (of a dog or cat)

Autobahnparkplatz, m - motorway parking place

Wohnzimmer, n - living room

Plastiknapf, m - plastic bowl

Knochen, m - bone, bones

Zusammenfassung

Sonja hat Angst vor Hunden, schon ihr ganzen Leben lang.

Eines Tages holen sich ihre besten Freunde Anke und Bastian einen grossen Hund aus dem Tierheim, Bonnie. Sonja gefällt das gar nicht, nun muss sie immer Angst haben, wenn sie ihre Freunde besucht.

Dann tritt ein Notfall in der Familie ein, Anke und Bastian müssen weg, und Sonja muss drei Wochen auf den Hund aufpassen. Erst ist ihr nicht wohl, aber sie gewöhnt sich sehr schnell an Bonnie. Nach und nach macht es ihr immer mehr Spaß mit dem Hund, und irgendwann nimmt sie ihn sogar mit zu sich nach Hause.

Als ihre Freundin nach drei Wochen wieder kommt und den Hund abholt, fühlt sich Sonja auf einmal sehr einsam ohne ihn, ihr Haus ist viel zu leer.

Sie hält es nicht lange aus, sondern holt sich sich selbst einen Hund aus dem Tierheim. Jetzt ist ihr Haus ganz schön auf den Hund gekommen, aber Sonja ist glücklich!

Summary

Sonja is afraid of dogs, she has been all her life.

One day her best friends Anke and Bastian get themselves a big dog from the animal shelter. Sonja hates it, now she has to be afraid every time she visits her friends.

Then, a family emergency occurs. Anke and Bastian have to leave for three weeks and beg Sonja to take care of the dog. At first she is very reluctant, but soon she gets used to the dog, Bonnie. Little by little, she becomes more relaxed and even happy to be with Bonnie and after two weeks she takes him home with her.

When her friends return after three weeks and take the dog back, Sonja suddenly feels very lonely; her house is too empty all alone.

She cannot stand it for long, so she goes to the animal shelter and gets her own pet.

Now her house has gone to the dogs, but Sonja is happy!

Fragen

1) Wie heissen Sonjas Freunde?
   a) Elke & Bernd
   b) Anke & Bastian
   c) Anja & Berthold
   d) Bonnie & Bruno

2) Warum muss Bastian weg?
   a) Seine Mutter ist krank
   b) Sein Vater ist krank
   c) Er hat einen Auftrag in England
   d) Er verlässt Anke

3) Welche Befehle kennt und befolgt Bonnie?
   a) Langsam
   b) Warte
   c) Platz
   d) Sitz
   e) Stopp

4) Welche Farbe hat Sonjas Hund?
   a) schwarz
   b) weiß
   c) schwarz-weiß
   d) braun

Richtige Antworten

1) b
2) c
3) a, b, c, d, e
4) c

Translation

Ich heiße Sonja, und ich bin auf den Hund gekommen.

‚Auf den Hund kommen' ist eine deutsche Redensart. Das bedeutet eigentlich nicht, einen Hund zu bekommen, sondern man sagt es, wenn jemand oder etwas in schlimme Umstände geraten ist. Wenn jemand sein Geld, seine Arbeit oder seine Gesundheit verloren hat, oder wenn ein altes Haus immer schmutziger wird, also wenn jemand oder etwas so richtig heruntergekommen ist.

Oder man sagt es scherzhaft, wenn jemand sich einen Hund anschafft.... Und das ist mir passiert: ich bin auf den Hund gekommen. Auf einen mittelgroßen, schwarz-weißen aus dem Tierheim.

Und seitdem ist mein Haus auch ziemlich auf den Hund gekommen! In der sprichwörtlichen Bedeutung....

My name is Sonja, and I went to the dogs.

'Auf den Hund gekommen' is a German expression. It doesn't mean to get a dog, but you say it if someone or something got into bad circumstances. If someone loses their money, their job or their health, or if an old house gets dirtier and dirtier, well, if someone or something becomes really rundown. Or you say it jokingly, if someone gets a dog... And that's what happened to me: I went to the dogs. To a medium-sized, black and white one from the animal shelter.

And ever since, my house has pretty much gone to the dogs! Proverbially...

Aber – man soll Geschichten am Anfang beginnen, nicht am Ende, also nochmal:

Ich heiße Sonja, und ich hatte mein ganzes Leben lang Angst vor Hunden. Wahrscheinlich hat mich ein Hund mal sehr erschreckt, als ich klein war, aber ich weiß es nicht mehr. Ich habe einfach immer Angst, wenn ich einen Hund sehe.

Wenn man Angst hat vor Hunden, dann merken die das. Angst riecht, das machen die Hormone. Der Geruch ist zu schwach für unsere Nasen, aber nicht für Hunde. Die riechen das und es macht sie nervös. Wenn ein Hund Angst riecht, bekommt er selber welche, und deshalb knurrt er. Wenn ich das Knurren höre, bekomme ich noch mehr Angst.

Das riecht der Hund, und er wird noch aggressiver.... Ein echt blöder Kreislauf.

But – one has to start stories at the beginning, not at the end, so again:

My name is Sonja, and I've been afraid of dogs my entire life. A dog probably scared me once when I was little, but I don't have any memory of that anymore. I'm simply always afraid when I see a dog.

If you're afraid of dogs, they'll notice. Fear smells — that's what hormones do. The smell is too weak for our noses, but not for dogs. They smell it and it makes them nervous. If a dog smells fear, then it becomes nervous, and that's why he growls. When I hear the growl, I get even more scared. The dog smells that, and he becomes even more aggressive.... A really stupid cycle.

Dann bekamen meine besten Freunde einen Hund.

Sie wollten schon lange ein Haustier, eine Katze. Also sind sie ins Tierheim, und da war dieser „süße Hund", wie meine Freundin erzählt, und er hat geweint und ganz traurig geguckt, und er war schon seit über einem Jahr im Heim. (Kein Wunder, habe ich gedacht, er ist nicht nur sehr groß, sondern auch hässlich). Anke und Bastian, so heißen meine Freunde, fanden das furchtbar traurig. Sie haben sofort ihr Herz verloren, sagen sie, und das Tier mitgenommen. Bonnie heißt der Hund.

Es war wirklich eine gute Tat von meinen Freunden. Ganz toll, sie werden viele Pluspunkte dafür im Buch des Lebens bekommen. Aber nicht in meinem Buch, habe ich gedacht!

Then my best friends got a dog.

They had long wanted a pet, a cat. So they went to the shelter and there was this "sweet dog", as my friend tells me, and he cried and looked very sad, and he had been in the shelter for over a year. (No wonder, I thought, he is not only very big, but also ugly). Anke and Bastian, my friends, thought it was terribly sad. He stole their hearts immediately, they say, and so they took the animal with them. The dog's name is Bonnie.

My friends did a really good dead. They will get Brownie points for it in the book of life. But not in my book, I thought!

Denn nun hatte ich Angst, sie zu besuchen.

Die beiden sind meine besten Freunde, und sie wohnen nur 100 m entfernt von mir. Deshalb haben wir uns früher jeden Tag gesehen. Aber das wurde nun anders....

Für die beiden wurde es schwieriger, auszugehen, also keine Sundowner mehr bei mir. Und ich hatte keine große Lust mehr auf einen Kaffee mit Anke, wenn dort ein riesiger Hund herumläuft und mir Angst macht.

Natürlich habe ich weniger Angst vor Hunden, wenn die Besitzer dabei sind und mir sagen, „Der tut nichts". Aber weniger Angst haben ist nicht das gleiche wie keine Angst haben.

Because now I was afraid to visit them.

The two are my best friends, and they only live 100m away from me. That's why we used to see each other every day, but this has now changed. ....

It became more difficult for them to go out, so no sundowners at my place anymore. And I didn't feel like coffee at Anke's, while there's a huge dog running around there frightening me.

Of course, I'm less afraid of dogs when their owners are there and tell me, "He doesn't do anything". But being less afraid isn't the same as not being afraid at all.

So ging das einen Monat lang. Ich fand es sehr traurig, dass wir uns nicht mehr so einfach sehen konnten. Warum nur haben sie sich einen Hund ins Haus geholt? Sie wollten doch eine Katze?! Das sind doch auch liebe Tiere, viel lieber als Hunde. Und ich habe keine Angst vor Katzen!

That's the way it went for a month. I found it very sad that we couldn't see each other so easily anymore. Why did they bring a dog into the house? They wanted a cat, didn't they? They are also lovely animals, much better than dogs. And I am not afraid of cats!

Dann musste Bastian ins Ausland. Seine Firma hat eine Filiale in England, und er muss regelmäßig dort hin. Und kaum war er weg, wurde Ankes Vater plötzlich sehr krank. Ihre Eltern leben in München, 500 km weg. Jetzt war die Not groß. Ihrer Mutter geht es sowieso nicht sehr gut, sie kann ihrem Mann nicht helfen. Das heißt, Anke wurde dringend gebraucht.

„Sonja, ich weiß, dass du Hunde nicht magst, aber du musst mir helfen, bitte!!! Ich MUSS nach München, heute noch. Bitte, bitte, bitte kümmere dich um unseren Bonnie, ich weiß nicht, was ich sonst tun soll."

Oh je.... Beste Freundin versus Hundeangst...

Natürlich gab es da keine Frage. Eine Freundschaft ist eines der wertvollsten Dinge im Leben, die darf man nicht verlieren. Angst kann man bekämpfen.

Then Bastian had to go abroad. His company has a branch in England, and he has to go there regularly. And as soon as he was gone, Anke's father suddenly became very ill. Her parents live in Munich, 500 km away. Now the situation has become even more dire. Her mother isn't doing very well either, she can't help her husband. That means Anke is urgently needed.

"Sonja, I know that you don't like dogs, but you have to help me, please! I NEED to go to Munich today. Please, please, please take care of our Bonnie, I don't know was else to do."

Oh no… Best friend versus fear of dogs…

Of course, there was no question. A friendship is one of the most precious things in life, you can't lose that, but you can fight fear.

Also habe ich mit weichen Knien einen langen Zettel in Empfang genommen, eine „To Do" Liste für dog-sitters:

Morgens: In den Garten lassen, dort kann er rennen und Pipi machen. In der Zeit das Fressen vorbereiten und die Wasserschüssel auffüllen. Nach ungefähr 15 Minuten Bonnie wieder ins Haus holen, füttern, dann darf ich nach Hause gehen. Mittags: Gassi gehen im Wald hinter dem Haus. Wenn uns andere Hunde entgegenkommen: Anhalten, STOPP und SITZ rufen. Wenn Bonnie dann sitzt, bekommt er ein Leckerli. (Ekelig, er leckt mir dabei die Hand ab...). Warten, bis der andere Hund vorbei gegangen ist.

Circa eine halbe Stunde sollen wir mindestens laufen. (Auch bei Regen, frage ich??? Ja natürlich, sagt Anke, das muss bei jedem Wetter sein! Ufffff....) Abends: Wieder Gassi gehen, diesmal nicht im Wald, sondern auf der Straße. Danach Abendessen. Für Bonnie, meins darf ich mir dann noch machen.... Ein volles Programm!

So, weak-kneed, I received of a long sheet of paper, a "To Do" list for dog-sitters:

Morning: let her into the garden so he can run and have a wee. In the meantime, prepare the food and fill the water bowl. After about 15 minutes, get Bonnie back into the house, feed her, and then I can go home.

Midday: Walk the dog in the forest behind the house. If other dogs come towards you: Stop, shout 'STOP' and 'SIT'. When Bonnie sits, she gets a treat. (Disgusting, she licks my hand while taking it…) Wait, until the other dog passes.

We should walk at least for half an hour. (Even when it's raining, I ask? Yes, of course, Anke says, it needs to be done regardless of the weather! Omphhhh….)

Evening: Walk him again, this time on the street as opposed to the forest. After that: dinner. For Bonnie… I still have to make mine! That's a full schedule!

Der erste Tag.

Mit weichen Knien gehe ich die paar Schritte zu meinen Freunden. Mit klopfendem Herzen öffne ich die Tür. Und werde fast umgeworfen. Direkt dahinter wartet Bonnie. Er winselt und rennt wie wild um mich herum. Und bellt. Laut. Aber – Gott sein Dank – er knurrt nicht. Im Gegenteil, obwohl mir das Herz wie wild klopft vor Angst, scheint er sehr glücklich zu sein, mich zu sehen! Das ist mir noch nie passiert mit Hunden.

Langsam wird er ruhiger und ich mache ihm die Tür zum Garten auf, fülle den Fressnapf, alles nach Plan. Er frisst, ich gehe nach Hause. Mittags: Ich öffne die Tür, diesmal fast ohne Angst. Der Hund kommt auch gleich wieder angerannt, bellt, winselt; er ist offensichtlich sehr froh mich zu sehen. Klar, er ist ja jetzt schon eine Nacht und einen Vormittag allein im Haus. Bestimmt hat er Angst, dass er Anke und Bastian nie wiedersieht und er wieder ins Tierheim muss. Er tut mir leid, und ich streichele ihn ein bisschen.

The first day.

With weak knees, I walk the couple of steps to my friends'. With a beating heart I open the door. And I almost get tossed. Bonnie waits directly behind it. He whimpers and runs around me like mad. And barks. Loud. But –

thank god – he doesn't growl. In the contrary, although my heart is beating wildly from fear, he seems to be very happy to see me! That has never happened to me with dogs. Slowly he calms down and I open the door to the garden for him, fill the food bowl, everything goes according to plan. He eats, I go home. Midday: I open the door, this time almost without fear. The dog comes running again, barks, whimpers; he's obviously very happy to see me. Well, he's already been alone at home one night and one morning. He is probably scared that he will never see Anke and Bastian again and that he has to go back to the animal shelter. I feel sorry for him and I pet him a bit.

Dann gehen wir Gassi. Natürlich kommt gleich zu Anfang eine andere Frau mit Hund. Gott sei Dank nur ein Dackel, vor kleinen Hunden habe ich keine Angst. Ich rufe Stopp und Sitz und staune: Bonnie gehorcht mir! Toll.... Auch der Spaziergang am Abend verläuft ohne Probleme. Am Ende des Tages gehe ich erschöpft aber auch erleichtert ins Bett. Das ist besser gelaufen, als ich gedacht habe!

Jeden Tag läuft das jetzt so ab, und jeden Tag freut sich Bonnie mehr, wenn ich komme. Am Ende der Woche komme ich fast nicht mehr durch die Tür. Sobald ich drin bin, habe ich einen großen Hund an mir hängen, der versucht, mir das Gesicht zu lecken. Igitt! Aber auch nett...

Anke ruft natürlich täglich an. Ihrem Vater geht es nicht gut, sie ist in großer Sorge. „Mach dir um Bonnie keine Gedanken", sage ich. „Wir kommen prima klar! Bleib solange du willst. Deine Eltern brauchen dich jetzt."

Then we go for a walk. Of course, right at the start, another woman with a dog approaches. Thank god it's only a dachshund, I'm not afraid of small dogs. I call 'Stop' and 'Sit' and I'm marvelled: Bonnie obeys me! Awesome… The walk in the evening is problem-free as well. At the end of the day, I go to bed exhausted but also relieved.

That's how it goes now every day, and every day Bonnie is happier, when I come. At the end of the week I'm almost unable to get through the door. As soon as I'm in, I have a huge dog clinging to me trying to lick my face. Yuck! But also nice…

Of course, Anke calls every day. Her father isn't doing well, she is very sad. "Don't worry about Bonnie.", I say. "We're getting along very well. Stay as long as you like. Your parents need you know."

Und so bleibt Anke zwei Wochen und dann eine dritte. Ich gehe jeden Tag mit dem Hund, und ich bleibe jeden Tag etwas länger bei ihm. Bonnie ist so ein lieber Kerl. Egal was ich ihm sage, er hört sofort. Stopp, Sitz, Platz, Langsam, Warte... Er kennt viele Befehle und befolgt sie alle. Und er liebt mich! Jedenfalls sieht er mich so an. Ab und zu macht er auch Unsinn. Aber dabei ist er so lustig, dass ich nur lachen muss.

In der zweiten Woche bekomme ich einen neuen Arbeitsauftrag und muss den ganzen Tag vor dem Computer sitzen. Da ist es schon lästig, drei Mal am Tag zu Bonnie zu gehen. Vielleicht ist es ja doch nicht so schlimm, einen Hund im Haus zu haben, überlege ich?

So, Anke stays two weeks, and then a third. I walk the dog daily, and every day I stay with him a bit longer. Bonnie is such a good guy. No matter what I tell him, he stops immediately. And he loves me! At least, that's how he looks at me. He knows a lot of commands and follows all of them. Every now and then he gets into a bit of mischief. While doing so, he's so funny that I simply have to laugh.

During the second week, I get a new work assignment and have to sit in front of the computer all day. This makes it inconvenient to tend to Bonnie three times a day. Maybe, I consider, having a dog in the house isn't so bad after all.

Nach dem morgendlichen Fressen gehe ich Gassi. Aber nicht in den Wald und auch nicht die Straße herauf und wieder runter, sondern zu meinem Haus. Dort sage ich zu Bonnie: „Willkommen bei mir. Und wehe, du machst was kaputt!"

Erst ist er ganz ängstlich, alles ist neu, alles anders. Er klebt an mir. Wenn ich am Computer sitze, liegt er unterm Schreibtisch, wenn ich in die Küche gehe, sitzt er vor dem Kühlschrank. Wenn ich aufs Klo gehe, kratzt er an der Tür.

Witzig. Und rührend.

After the feed in the morning I take him for a walk. But not into the forest, or up the street and back again, but to my house. There I say to Bonnie: "Welcome to my home. And don't you dare destroying anything!"

At first, he is very scared, everything is new, and everything is different. He clings to me. When I sit at the computer, he lies under the writing desk, when I go into the kitchen, he sits in front of the fridge. When I go to the bathroom, he scratches at the door.

Funny. And touching.

So vergeht die zweite Woche und auch die dritte. Mittlerweile habe ich den Hund ganz bei mir zuhause, Tag und Nacht. Natürlich darf er auf keinen Fall in mein Schlafzimmer! Oder... naja, vielleicht darf er rein, aber nicht auf mein Bett! Da bleibe ich wirklich hart.

That's how the second week passes, and then the third. By now, I have the dog at my place completely, day and night. Of course, he's not allowed in the bedroom. Or... well, maybe he's allowed in, but not in my bed! That, I'm adamant about.

Anne's father is finally feeling better. And Bastian's assignment in England is finished, by the end of the week both will be home again. I must certainly be very happy, says Anke, that I can finally resume my life without a dog. Yes of course, I say, it will be great.

Samstag ist es dann soweit, Anke steht strahlend bei mir vor der Tür! Und dann geht sie strahlend wieder weg, mit einem sehr glücklichen Hund.

So still war mein Haus noch nie. Und so allein war ich noch nie....

Ich halte es nur einen halben Tag aus, dann stehe ich vor Ankes Tür. Ich freue mich sehr auf einen Kaffee mit ihr, aber fast noch mehr auf Bonnie! Und der freut sich auf meinen Besuch!

Saturday is the day, Anke is standing radiantly at my door! And then she goes away radiantly, with a very happy dog. My house has never been so quiet. And I've never been so alone...

I make it through just half a day, then I'm standing in front of Anke's door. I'm looking forward to a cup of coffee with her, but even more to seeing Bonnie! And he is happy about my visit!

Übrigens – heute **Morgen war ich im Tierheim! Ich bin jetzt stolzes Frauchen von Bruno. Den hatte jemand auf einem Autobahnparkplatz ausgesetzt! Der arme Kerl... Bei mir wird er es guthaben, ich werde ihn nie wieder hergeben!**

Aber wenn ich mich in meinem Wohnzimmer umschaue – eine nicht sehr saubere Decke auf meinem schönen Sofa, ein zerkauter Pantoffel

darunter, Plastiknäpfe in der Küche, ein alter Knochen neben dem Fernseher... Meine Wohnung ist jetzt ganz schön auf den Hund gekommen!

By the way — this morning I was at the shelter! I am now the proud owner of Bruno. Someone had left him on a motorway parking lot! The poor guy... The poor guy... He will have it good at my place, I will never give him away again!

But when I look around in my living room – a dirty blanket on my pretty sofa, a chewed slipper, plastic bowls in the kitchen, an old bone next to the TV.... My flat pretty much went to the dogs!

Ein Abenteuerlicher Urlaubstag – A Holiday Adventure

Sybille macht zwei Wochen Urlaub am **Roten Meer** in **Ägypten**, zusammen mit ihrer Freundin Marianne. Eigentlich wollen die beiden nur einen **Strandurlaub** machen. Sonne, Strand und **faulenzen** - ein bisschen schwimmen, ein bisschen lesen, **braun werden**, gut essen und vielleicht abends mal **tanzen** gehen.

Am Anfang gefällt ihr das Programm auch gut. Sie haben ein schönes Zimmer mit einem **Balkon,** von dem aus man das Meer sieht, das Essen im Hotel ist **lecker**, die Sonne scheint von morgens bis abends und das Wasser ist warm. Das Hotel ist fast voll, aber Sybille kennt keinen der anderen Gäste. Es sind meistens Familien oder Paare, die zusammenbleiben und keinen Kontakt mit anderen suchen. Sie selber will ja eigentlich auch keine Fremden kennenlernen, denn sie ist ja mit ihrer Freundin hier! Aber leider klappt es mit der nicht so gut, wie Sybille **gehofft** hatte, denn Marianne hat sich kurz vor dem Urlaub **verliebt**; Markus heisst er.

das Rote Meer - the Red Sea

Ägypten - Egypt

Strandurlaub - beach vacation

faulenzen - to laze, lounge, chill out

braun werden - Brown - tan

tanzen - dance

Balkon - balcony

lecker - delicious

hoffen - to hope

sich verlieben - to fall in love

Nun hängt sie fast den ganzen Tag an ihrem Smartphone und schreibt mit **glücklichem Gesicht** an ihren Liebsten. Und wenn sie nicht mit Markus spricht, erzählt Marianne von ihm; es gibt kein anderes Thema mehr. Sybille weiß genau, wie Markus aussieht, was Markus arbeitet, was er gern isst, was er an Marianne besonders liebt, was er sich gestern gekauft hat und was er morgen **unternehmen** möchte. Sie weiss alles von Markus. Und das ist viel. **Auf jeden Fall** viel mehr, als sie jemals wissen wollte...

Ihr ist **langweilig**. Jeden Tag das Gleiche: Frühstück, Strand, Mittagessen, Strand, Abendessen, ein Drink an der Hotelbar, Bett. Und von morgens bis abends Geschichten über Markus...

Sybille ist schon braun geworden, und sie hat schon ihr zweites Buch **beendet**. Sie hat zu viel gegessen, sie hat zu viel am Strand gelegen, sie hat zu viel über Markus gehört.

glücklich - happy

Gesicht, n - face

etwas unternehmen - to undertake s.th.

auf jeden Fall - *here:* anyhow

langweilig - boring, to be boring

beenden - to finish, to bring to an end

Ein paar Tage war es noch schön, Leute zu **beobachten**. Es gibt einige **gutaussehende** Männer am Strand, andere Urlauber und auch Ägypter, die im Hotel arbeiten. Und es gibt andere, die sich leider nur **einbilden**, dass sie gut aussehen. Es gibt die schönsten **Bademoden** zu sehen und ganz schreckliche. Sybille beobachtet täglich das komische ältere Ehepaar zwei **Sonnenschirme** weiter. Er guckt den ganzen Tag den jungen Frauen hinterher, und sie schwärmt jeden **Kellner** und die Animateure an. Und dann ist da die junge sportliche Frau, die Yoga**übungen** neben ihrer **Liege** macht. Wenn sie der zuschaut, hat Sybille immer ein schlechtes **Gewissen**. Sie **nimmt sich** schon lange **vor**, jede Woche Sport zu treiben, aber bisher kommt immer etwas **dazwischen**.

beobachten - to observe, to study

gut aussehend - looking good, good-looking

einbilden (sich einbilden) - to imagine, to persuade oneself of s.th

Bademoden - swimwear

Sonnenschirm, m - sunshade, parasol

Kellner, m - waiter

Übung, f - exercise

Liege, f - lounger, *here short for* sun bed

Gewissen, n - conscience

sich (etwas) vornehmen - to plan/decide to do something

dazwischen kommen - to get between, s.th. is intervened

Langeweile... Marianne **erzählt** schon wieder von ihrem Markus, Sybille kann es wirklich nicht mehr hören. Da **fällt** ihr eine junge Frau **auf**, die mit einem Zettel in der Hand von **Liegestuhl** zu Liegestuhl geht und etwas erzählt. Sie ist **braun gebrannt**, schlank, mit sportlicher Figur und ganz blonden Haaren. Sie redet mit den Leuten mit **ausladenden Handbewegungen** und macht dabei ein fröhliches Gesicht. Ab und zu schreibt sie etwas auf. Es sieht so aus, als ob sich ein paar von den Leuten, mit denen sie redet, am Ende zu etwas **anmelden**.

Nach und nach kommt sie näher. Sybille ist schon sehr **neugierig**. Was mag es sein, das die junge Frau verkauft? Massagen? Einen **Ausflug** mit einem Boot? Eine Show abends im Hotel?

Langeweile, f - boredom

erzählen - to tell

auffallen, es fällt auf - to stand out, s.th. is apparent

Liegestuhl, m - sun lounger, deckchair

braun gebrannt - tanned

ausladend - sweeping, wide

Handbewegung, f - hand movement

anmelden - to sign in, to register

neugierig - curious

Ausflug, m - excursion

Spontan **beschliesst** Sybille, dass sie **mitmachen** wird, was es auch ist. Sie weiß noch nicht, was das sein wird, aber das ist egal - alles ist besser als die Langeweile am Strand. Alles ist besser als noch mehr Geschichten über Markus zu hören, Ehepaaren beim **Nichtstun** zuzusehen oder anderen beim Ballspielen. Sybille will weg vom Strand, einfach **irgendwas** machen.

Die junge Frau ist jetzt da. Nun sieht Sybille, dass ihre Haare nicht von Natur aus blond sind, sondern von der Sonne **gebleicht**, ihre **Haut** ist braun gebrannt. Sie sieht nett aus. Und sie hält eine Tafel in der Hand, mit Fotos von bunten Fischen darauf.

beschliessen - to decide

mitmachen - to participate, to join

Nichtstun - inaction, idleness

irgendwas - anything, something

gebleicht - bleached

Haut - skin

Ein Abenteuerlicher Urlaubstag – A Holiday Adventure

"Hallo", sagt sie, „**schwimmen** Sie gerne? Dann macht Ihnen das Tauchen bestimmt auch **Spass**! Versuchen Sie es mal!"

„**Tauchen**???" fragt Sybille. „Unter Wasser? Mit so einem **Gerät** für die Luft? Oh nein... Ich schwimme sehr gern, aber UNTER Wasser? Das kann ich nicht!»

„Schade," denkt sie. „Jetzt habe ich mir fest vorgenommen, alles zu machen, was diese junge Frau anbietet. Aber das...??? Tauchen??? Das geht doch nicht, das ist doch bestimmt total schwer?!"

Aber dann sagt die **Taucherin**: „Sie müssen erstmal gar nichts können! Sie machen einen **sogenannten Schnuppertauchgang** mit mir, das ist ganz einfach. Sie müssen selber gar nichts tun, eigentlich nur **atmen**!

Wenn Sie zu uns kommen, **erkläre** ich Ihnen ganz **genau,** was Sie machen müssen – und das ist nicht viel! – und dann schwimmen Sie einfach an meiner Hand mit. Es ist **überhaupt** nicht **gefährlich** und ganz **einfach**!"

schwimmen - to swim

Tauchen, m - diving, m

tauchen - to dive

Spass haben - to have fun

Gerät, n - device, appliance

der Taucher, die Taucherin - diver, m + f

sogenannt - so called

Schnuppertauchgang, m - introduction dive

atmen - to breathe

erklären - to explain

genau - exactly, precisely (just is not a good choice for this context)

überhaupt - absolutely, ever, even, altogether, after all

gefährlich - dangerous

einfach - easy, simple

Sybille wird es ganz **weich in den Knien**. Sie geht gern schwimmen. Aber unter Wasser? Das hört sich schwer an. Aber dann..... Die junge Frau hat gesagt, es ist einfach und **ungefährlich**. Sie sieht nett aus, bestimmt **lügt** sie nicht! Und was ist die Alternative? **Ein weiterer Tag** der Langeweile? Nein - sie hat sich vorgenommen, alles mitzumachen, was **angeboten** wird. Und wenn das Tauchen ist, dann geht Sybille eben tauchen! Man muss alles im Leben einmal **probieren**! Wer keine Angst hat, kann auch nicht **mutig** sein. Etwas zu wagen obwohl man Angst hat, das ist **Mut**!

Sybille **fasst sich ein Herz** und **sagt zu**. „Prima", sagt die junge Frau, und stellt sich vor: „Ich bin die Maike, und ich bin Tauchlehrerin. Sag bitte Du zu mir, und ich duze dich auch - das macht man so unter Tauchern".

Mit **zitternden** Fingern **füllt** Sybille die Anmeldung aus.

weiche Knie bekommen - *idiom:* to buckle one's knees, to be afraid

ungefährlich - harmless

lügen - to lie

ein weiterer Tag - another day

angeboten - offered, provided, proffered

probieren - to try

mutig - courageous, brave

Mut, m - courage

sich ein Herz fassen - to take heart, to pluck up courage

zusagen, er sagt zu - to agree, he agrees

Tauchlehrer/in - dive instructor

zitternd - trembling, quivering

ausfüllen - to fill, to complete (eg a form)

"Komm morgen früh in die Tauchschule, die ist dort **vorne**, neben der **Strandbar**. Dann erkläre ich dir alles, du ziehst einen **Taucheranzug** an und los geht's. Und wenn es dir Spass macht, kannst du danach einen richtigen Tauchkurs machen."

Am Abend, **während** Marianne auf dem Balkon steht und via Skype mit Markus flirtet, liegt Sybille auf ihrem Bett und wird immer nervöser. **Hoffentlich** hat sie nicht zu viel Angst im Wasser, hoffentlich ist es wirklich einfach, hoffentlich **blamiert** sie sich nicht....

vorne - ahead, up front

Strandbar - beach bar

Taucheranzug, m - diving suit

während - while, when, as

hoffentlich - hopefully

sich blamieren - to shame oneself, to make a fool of oneself

Am nächsten Morgen um 9 Uhr ist es dann **soweit**, Sybille steht mit **zittrigen** Beinen in der Tauchschule. Maike ist schon da und hat zwei grosse **Stahlflaschen** vor sich stehen, an denen einige **Schläuche** hängen. **Beängstigend**....

„Dies ist dein Tauchgerät", sagt Maike. „Du steckst dir dieses Teil hier in den Mund, daraus kannst du atmen. **Probier** es gleich mal – genauso funktioniert es auch wenn wir unter Wasser sind!". Sie erklärt noch ein paar Dinge und **beschreibt** die Fische und Korallen, die sie sehen können. So langsam fängt Sybille an, Spaß zu haben. Es hört sich wirklich alles ziemlich einfach an. Sie muss eigentlich nur atmen und ab und zu in ihre Nase **blasen**, damit die **Ohren** frei werden. Maike wird sie die ganze Zeit fest an der Hand halten und alles machen, was gemacht werden muss.

soweit sein - to be ready

zittrig - shaky

Stahlflasche, f - steel bottle, steel tank, *here:* Scuba tank

Schlauch, m, pl: Schläuche - hose

beängstigend - scary

probieren, ausprobieren - to try, to try out

beschreiben - to describe

blasen - to blow

Ohr, n - ear

Dann aber wird es erstmal **schwer**. Mit dem warmen Taucheranzug, einem schweren **Bleigürtel** (damit man überhaupt **untergeht**, sagt Maike...) und der Tauchflasche ist das Laufen nicht einfach. Gott sei Dank sind es nur wenige **Schritte** von der Tauchbasis bis ins Meer. Als sie dort angekommen sind und bis zur Brust im Wasser stehen, wird alles ganz leicht, das Wasser **trägt** die schwere Flasche. Sybille merkt das **Gewicht** kaum noch. Und sobald ihr Kopf mit der **Taucherbrille** unter Wasser steckt, spürt sie gar nichts mehr. Nur noch großes **Staunen** und grosse **Freude**!

Ausser ihrer Lehrerin und den Beinen der anderen Leute um sie herum sieht sie nämlich nur bunte Fische! Die lassen sich von den Menschen überhaupt nicht stören!

schwer sein (schwer werden) - to be difficult (to become difficult)

Bleigürtel, m - lead belt, weight belt

untergehen - to submerge, go down, sink

Schritt, m, pl: Schritte - step

tragen - to carry

Gewicht, n - weight

Taucherbrille, f - diving goggles, dive mask

Staunen, n - astonishment, wonder

Freude, f - pleasure, joy

Langsam schwimmen die beiden unter Wasser los, in tieferes Wasser. Sybille merkt gar nicht, dass sie keine **frische** Luft mehr **atmet**, sondern dass diese aus einer Flasche kommt. Alles ist so **aufregend**, alles ist so anders. Das blaue Wasser, die bunten Korallen auf dem weißen **Sandboden** und die vielen Fische – eine neue Welt **öffnet** sich! Sybille merkt kaum, dass Maike sie mal tiefer herunter zieht und mal wieder etwas **höher**. Sie hört das **Blubbern**, wenn sie ausatmet, aber sonst nichts. Sie spürt ihr Gewicht nicht, es ist als ob sie **fliegt**. Die Fische um sie herum haben keine Angst vor ihr, und so hat Sybille auch keine Angst vor ihnen.

frisch - fresh

atmen - to breathe

aufregend - exciting

Sandboden, m - sand floor, sandy bottom

öffnen, sich öffnen - to open up, to break open

hoch, höher - high, higher

Blubbern, n - bubbling

fliegen - to fly

Maike drückt ihre Hand und zeigt nach vorne. **Unglaublich** - da schwimmt doch tatsächlich eine **Schildkröte**! Eine ganz grosse, fast einen Meter lang! Langsam **paddelt** sie voran, isst mal ein bisschen von dieser Koralle, dann von einer anderen. Die beiden Taucher sind ganz nah bei ihr, aber das grosse Tier lässt sich nicht **stören**. Sybille könnte laut **jubeln**, so etwas Schönes hat sie noch nie gesehen.

Dann kommt der Sandboden auf einmal **näher** und näher - Maike schwimmt mit ihrer Schülerin wieder Richtung Strand. „Warum **hören** wir denn schon **auf**?" fragt Sybille, sobald ihr Kopf aus dem Wasser kommt. Maike lacht. „Weil wir gleich keine Luft mehr in den Flaschen haben, wir waren eine **dreiviertel** Stunde unter Wasser!" Eine dreiviertel Stunde? Sybille kann es kaum glauben. Es **kam** ihr **vor** wie zehn Minuten...

unglaublich - incredible

Schildkröte, f - turtle

paddeln - to paddle

stören - to disturb

sich stören lassen - to be disturbed

jubeln - to cheer

nah, näher - close, closer

aufhören - to stop, to finish

dreiviertel - three-quarter

sich vorkommen - to appear, to seem to sb.

So etwas **Tolles** hat sie schon lange nicht mehr erlebt. Die Langeweile ist **verflogen**, Sybille weiß nun, was sie den Rest des Urlaubs machen wird.

Sie wird sofort Tauchen lernen! Nie wieder wird ihr langweilig sein, ab jetzt wird es in jedem Urlaub **Abenteuer** geben!

Marianne kann gerne mit Markus am Smartphone **kleben** - Sybille wird eine neue Welt **entdecken**!

toll - terrific, awesome

verfliegen / verflogen - to fly by, to fly away / flown by

Abenteuer - adventure

kleben - to stick, to cling, to glue

entdecken - to discover

Zusammenfassung

Sybille macht zwei Wochen Urlaub am Roten Meer, zusammen mit ihrer Freundin Marianne. Diese ist frisch verliebt und kümmert sich nicht um Sybille, sondern ist Tag und Nacht mit ihrem Freund beschäftigt, am Handy oder in Gedanken.

Nach einer Woche am Strand wird es Sybille sehr langweilig.

Sie weiß nicht mehr was sie machen soll, als sie von einer jungen Frau aufgefordert wird, einen Tauchgang auszuprobieren. Erst will sie nicht, da sie Angst hat, aber dann meldet sie sich doch an.

Es stellt sich heraus, dass das Tauchen an der Hand von der Lehrerin tatsächlich sehr einfach ist, und sie sehen sogar eine Schildkröte. Sybille ist absolut begeistert von der Welt unter Wasser.

Als sie wieder an Land ankommen, ist die Sache klar für Sybille: sie wird sich zu einem Tauchkurs anmelden. Für sie wird es im Urlaub nie wieder langweilig werden!

Summary

Sybille is on holiday at the Red Sea for two weeks with her friend, Marianne.

Marianne recently fell in love, does not care about Sybille and is busy day and night with her new boyfriend, either on her smartphone or in her thoughts.

After a week of just being on the beach, Sybille gets very bored.

She does not know what to do. Then one day, she was asked by a young woman to try an introduction to scuba diving. At first, Sybille is scared and does not want to, but she registers for it nevertheless.

It turns out that this intro-dive is indeed very simple and a lot of fun; they even see a big turtle. Sybille is absolutely thrilled by this new world under water.

When they are back on land, Sybille knows what to do; she will join a diving course. Holidays will never be boring for her ever again!

Fragen

1) Was macht Marianne am liebsten?

    a) Schwimmen

    b) Mit ihrem Freund telefonieren

    c) Tauchen

    d) Am Strand liegen

2) Wo machen Sybille und Marianne Urlaub?

    a) In Tunesien

    b) In Spanien

    c) Auf dem Balkon

    d) In Ägypten

3) Was sieht Sybille unter Wasser?

    a) Fische

    b) Korallen

    c) Eine Schildkröte

    d) Die Beine anderer Leute

4) Wie heisst die Tauchlehrerin?

    a) Marianne

    b) Maike

    c) Isabella

    d) Sybille

Richtige Antworten

1) b
2) d
3) a, b, c, d
4) b

Translation

Sybille macht zwei Wochen Urlaub am Roten Meer in Ägypten, zusammen mit ihrer Freundin Marianne. Eigentlich wollen die beiden nur einen Strandurlaub machen. Sonne, Strand und faulenzen - ein bisschen schwimmen, ein bisschen lesen, braun werden, gut essen und vielleicht abends mal tanzen gehen.

Sybille is on holiday at the Red Sea in Egypt for two weeks with her friend Marianne. They simply want to have a beach holiday. Sun, beach and chill out – a bit of swimming, a bit of reading, getting a tan, going for nice meals, and maybe going dancing in the evening.

Am Anfang gefällt ihr das Programm auch gut. Sie haben ein schönes Zimmer mit einem Balkon, von dem aus man das Meer sieht, das Essen im Hotel ist lecker, die Sonne scheint von morgens bis abends und das Wasser ist warm. Das Hotel ist fast voll, aber Sybille kennt keinen der anderen Gäste. Es sind meistens Familien oder Paare, die zusammenbleiben und keinen Kontakt mit anderen suchen. Sie selber will ja eigentlich auch keine Fremden kennenlernen, denn sie ist ja mit ihrer Freundin hier! Aber leider klappt es mit der nicht so gut, wie Sybille gehofft hatte, denn Marianne hat sich kurz vor dem Urlaub verliebt; Markus heißt er.

At first, she does like the schedule. They have a pretty room with a balcony that they can see the ocean from, the food at the hotel is tasty, the sun shines from morning until evening, and the water is warm. The hotel is almost full, but Sybille doesn't know any of the other guests. They are mostly families, or couples who stick together, and aren't looking to chat with others. She doesn't want to meet strangers either, because she's there with her friend. But unfortunately, it doesn't work out with her as well as Sybille hoped, because Marianne fell in love shortly before their vacation with a boy named is Markus.

Nun hängt sie fast den ganzen Tag an ihrem Smartphone und schreibt mit glücklichem Gesicht an ihren Liebsten. Und wenn sie nicht mit Markus spricht, erzählt Marianne von ihm; es gibt kein anderes Thema mehr. Sybille weiß genau, wie Markus aussieht, was Markus arbeitet, was er gern isst, was er an Marianne besonders liebt, was er sich gestern gekauft hat und was er morgen unternehmen möchte. Sie weiß alles von Markus. Und das ist viel. Auf jeden Fall viel mehr, als sie jemals wissen wollte...

Now she's clutching her smartphone all day and texts her sweetheart with a happy face. When she doesn't talk to Markus, she tells Sybille about him; she speaks of nothing else. Sybille knows exactly what Markus looks like, where Markus works, what food he likes, what he likes best about Marianne, what he bought yesterday and what he is going to do tomorrow. She knows everything about Markus. And that is a lot. Definitely more than she ever wanted to know...

Ihr ist langweilig. Jeden Tag das Gleiche: Frühstück, Strand, Mittagessen, Strand, Abendessen, ein Drink an der Hotelbar, Bett. Und von morgens bis abends Geschichten über Markus...

She is bored. Every day is the same: breakfast, beach, lunch, beach, dinner, a drink at the hotel bar, bed. And stories about Markus all day...

Sybille ist schon braun geworden, und sie hat schon ihr zweites Buch beendet. Sie hat zu viel gegessen, sie hat zu viel am Strand gelegen, sie hat zu viel über Markus gehört.

Sybille has already gotten a tan and finished her second book. She has eaten too much, spent too much time lying at the beach, heard too much about Markus.

Ein paar Tage war es noch schön, Leute zu beobachten. Es gibt einige gutaussehende Männer am Strand, andere Urlauber und auch Ägypter, die im Hotel arbeiten. Und es gibt andere, die sich leider nur einbilden, dass sie gut aussehen. Es gibt die schönsten Bademoden zu sehen und ganz schreckliche. Sybille beobachtet täglich das komische ältere Ehepaar zwei Sonnenschirme weiter. Er guckt den ganzen Tag den jungen Frauen hinterher, und sie schwärmt jeden Kellner und die Animateure an. Und dann ist da die junge sportliche Frau, die Yogaübungen neben ihrer Liege macht. Wenn sie der zuschaut, hat Sybille immer ein schlechtes Gewissen. Sie nimmt sich schon lange vor, jede Woche Sport zu treiben, aber bisher kommt immer etwas dazwischen.

For a couple of days, it was nice observing people. There are some good-looking men at the beach, other vacationers and Egyptians, who work at the hotel as well. And there are others who unfortunately only imagine that they look good. You can see the most beautiful swimwear and the most horrible. Every day, Sybille watches the strange older married couple two beach umbrellas away. He checks out the young women all day and she admires every waiter and holiday rep. And then there is this young, athletic woman who does yoga next to her lounger. Sybille always has a guilty conscience while watching her. She's been planning to exercise every week for a long time, but so far there's always something that gets in the way.

Langeweile... Marianne erzählt schon wieder von ihrem Markus, Sybille kann es wirklich nicht mehr hören. Da fällt ihr eine junge Frau auf, die mit einem Zettel in der Hand von Liegestuhl zu Liegestuhl geht und etwas erzählt. Sie ist braun gebrannt, schlank, mit sportlicher Figur und ganz blonden Haaren.

Boredom... Marianne is telling her about Markus again, Sybille really can't take it any more. Then she notices a young woman, who is walking from deck chair to deck chair with flyers and is talking about something. She is tanned, slim, with an athletic figure and blonde hair.

Sie redet mit den Leuten mit ausladenden Handbewegungen und macht dabei ein fröhliches Gesicht. Ab und zu schreibt sie etwas auf. Es sieht so aus, als ob sich ein paar von den Leuten, mit denen sie redet, am Ende zu etwas anmelden.

She talks to the people with wide hand movements and a smile. Occasionally, she writes something down. It looks like some of the people she is talking to are signing up for something.

Nach und nach kommt sie näher. Sybille ist schon sehr neugierig. Was mag es sein, dass die junge Frau verkauft? Massagen? Einen Ausflug mit einem Boot? Eine Show abends im Hotel?

Slowly but surely, she gets closer. Sybille's curiosity has already been piqued. What is it that this young woman is selling? Massages? A boat excursion? An evening show at the hotel?

Spontan beschließt Sybille, dass sie mitmachen wird, was immer es auch ist. Sie weiß noch nicht, was das sein wird, aber das ist egal - alles ist besser als die Langeweile am Strand. Alles ist besser als noch mehr Geschichten über Markus zu hören, Ehepaaren beim Nichtstun zuzusehen oder anderen beim Ballspielen. Sybille will weg vom Strand, einfach irgendwas machen.

Spontaneously, Sybille decides she's going to do whatever it is. She still doesn't know what it will be, but it doesn't matter - anything is better than being bored on the beach. Anything is better than hearing more stories about Markus, watching couples do nothing or playing ball. Sybille wants to get away from the beach and just do something.

Die junge Frau ist jetzt da. Nun sieht Sybille, dass ihre Haare nicht von Natur aus blond sind, sondern von der Sonne gebleicht, ihre Haut ist braun gebrannt. Sie sieht nett aus. Und sie hält eine Tafel in der Hand, mit Fotos von bunten Fischen darauf.

Now the young woman is there. Now Sybille can see, that her hair is not naturally blond, but bleached by the sun, her skin is tanned. She looks nice. And she's carrying a board with pictures of colourful fish.

„Hallo.", sagt sie, „schwimmen Sie gerne? Dann macht Ihnen das Tauchen bestimmt auch Spass! Versuchen Sie es mal!"

"Hello." She says, "Do you like swimming? Then you will certainly enjoy diving! Give it a try!

„Tauchen???" fragt Sybille. „Unter Wasser? Mit so einem Gerät für die Luft? Oh nein... Ich schwimme sehr gern, aber UNTER Wasser? Das kann ich nicht!"

"Diving???", Sybille asks. "Under water? With a device for the air? Oh no... I like swimming very much. But UNDER water? I can't do that!"

„Schade," denkt sie. „Jetzt habe ich mir fest vorgenommen, alles zu machen, was diese junge Frau anbietet. Aber das...??? Tauchen??? Das geht doch nicht, das ist doch bestimmt total schwer?!"

"What a pity.", she thinks. "I had planned to do whatever this woman was going to offer. But that...? Diving? No way, that's probably way too difficult!"

Aber dann sagt die Taucherin: „Sie müssen erstmal gar nichts können! Sie machen einen sogenannten Schnuppertauchgang mit mir, das ist ganz einfach. Sie müssen selber gar nichts tun, eigentlich nur atmen!

But then the diver says: "You don't have to be able to do anything! You do a so-called trial dive with me, that's quite simple. You don't have to do anything yourself, just breathe!

Wenn Sie zu uns kommen, erkläre ich Ihnen ganz genau, was Sie machen müssen – und das ist nicht viel! – und dann schwimmen Sie einfach an meiner Hand mit. Es ist überhaupt nicht gefährlich und ganz einfach!"

If you come to us, I will explain to you exactly what you have to do - which isn't much! - and then you just swim beside me. It's not dangerous at all and it's easy!"

Sybille wird es ganz weich in den Knien. Sie geht gern schwimmen. Aber unter Wasser? Das hört sich schwer an. Aber dann..... Die junge Frau hat gesagt, es ist einfach und ungefährlich. Sie sieht nett aus, bestimmt lügt sie nicht! Und was ist die Alternative? Ein weiterer Tag der Langeweile? Nein - sie hat sich vorgenommen, alles mitzumachen, was angeboten wird. Und wenn das Tauchen ist, dann geht Sybille eben tauchen! Man muss alles im Leben einmal probieren! Wer keine Angst hat, kann auch nicht mutig sein. Etwas zu wagen obwohl man Angst hat, das ist Mut!

Sybille gets weak in the knees. She likes going swimming. But under water? That sounds difficult. But then…the young woman said, it's easy and harmless. She looks nice, surely she isn't lying! And what's the alternative? Another day of boredom? No – she has planned to participate in whatever is being offered. And if it's diving, then Sybille will go diving! You have to try everything once in life. If you're not afraid, you can't be brave. To do something even though you are afraid, that's courage!

Sybille fasst sich ein Herz und sagt zu. „Prima!", sagt die junge Frau, und stellt sich vor: „Ich bin die Maike, und ich bin Tauchlehrerin. Sag bitte Du zu mir, und ich duze dich auch - das macht man so unter Tauchern".

Sybille takes heart and agrees. "Great"', the young woman says and introduces herself: "I am Maike and I am the diving instructor. You can call me by my first name, and I will do the same to you – that's how divers do it."

Mit zitternden Fingern füllt Sybille die Anmeldung aus.

With trembling fingers Sybille fills out the enrolment form.

„Komm morgen früh in die Tauchschule, die ist dort vorne, neben der Strandbar. Dann erkläre ich dir alles, du ziehst einen Taucheranzug an und los geht's. Und wenn es dir Spaß macht, kannst du danach einen richtigen Tauchkurs machen."

Come to the diving school tomorrow morning, it's over there, next to the beach bar. Then I'll explain everything to you, you'll put on a diving suit and off you go. And if you enjoy it, you can do a real diving course afterwards."

Am Abend, während Marianne auf dem Balkon steht und via Skype mit Markus flirtet, liegt Sybille auf ihrem Bett und wird immer nervöser. Hoffentlich hat sie nicht zu viel Angst im Wasser, hoffentlich ist es wirklich einfach, hoffentlich blamiert sie sich nicht....

That evening, while Marianne stands on the balcony and flirts with Markus vis Skype, Sybille lies on her bed and becomes more and more nervous. Hopefully she won't be too afraid in the water, hopefully it will be really easy, hopefully she won't make a fool of herself.

Am nächsten Morgen um 9 Uhr ist es dann soweit, Sybille steht mit zittrigen Beinen in der Tauchschule. Maike ist schon da und hat zwei große Stahlflaschen vor sich stehen, an denen einige Schläuche hängen. Beängstigend....

The next morning at 9:00 am, it's time! Sybille stands at the diving school with trembling knees. Maike is already there as well and has two big scuba tanks in front of her with some hoses attached to them... Scary.

„Dies ist dein Tauchgerät.", sagt Maike. „Du steckst dir dieses Teil hier in den Mund, daraus kannst du atmen. Probier es gleich mal – genauso funktioniert es auch wenn wir unter Wasser sind!". Sie erklärt noch ein paar Dinge und beschreibt die Fische und Korallen, die sie sehen können. So langsam fängt Sybille an, Spaß zu haben. Es hört sich wirklich alles ziemlich einfach an. Sie muss eigentlich nur atmen und ab und zu in ihre Nase blasen, damit die Ohren frei werden. Maike wird sie die ganze Zeit fest an der Hand halten und alles machen, was gemacht werden muss.

"This is your scuba equipment," says Maike. "You put this thing in your mouth here, you can breathe from it. Try it now - it works the same way when we are underwater! She explains a few things and describes the fish and corals they can see. Slowly Sybille starts to relax. It all sounds pretty simple. All she has to do is breathe and blow into her nose from time to time to clear her ears. Maike will hold her hand firmly the whole time and do everything that needs to be done.

Dann aber wird es erstmal schwer. Mit dem warmen Taucheranzug, einem schweren Bleigürtel (damit man überhaupt untergeht, sagt Maike...) und

der Tauchflasche ist das Laufen nicht einfach. Gott sei Dank sind es nur wenige Schritte von der Tauchbasis bis ins Meer. Als sie dort angekommen sind und bis zur Brust im Wasser stehen, wird alles ganz leicht, das Wasser trägt die schwere Flasche. Sybille merkt das Gewicht kaum noch. Und sobald ihr Kopf mit der Taucherbrille unter Wasser steckt, spürt sie gar nichts mehr. Nur noch großes Staunen und große Freude!

But then it starts to get hard. With the warm diving suit, a heavy lead belt (so you actually submerge, Maike says…) and the diving tank, walking isn't easy. Thank god, it's only a few steps from the diving base to the sea. Once they arrive and are standing up to their chests in the water, everything becomes very easy — the water carries the heavy bottle. Sybille hardly notices the weight. And as soon as her head with the diving mask submerges, she doesn't feel anything anymore. Only immense wonder and joy!

Außer ihrer Lehrerin und den Beinen der anderen Leute um sie herum sieht sie nämlich nur bunte Fische! Die lassen sich von den Menschen überhaupt nicht stören!

Except for her teacher and the legs of the other people around her she only sees colourful fish! And they aren't bothered by the humans!

Langsam schwimmen die beiden unter Wasser los, in tieferes Wasser. Sybille merkt gar nicht, dass sie keine frische Luft mehr atmet, sondern dass diese aus einer Flasche kommt. Alles ist so aufregend, alles ist so anders. Das blaue Wasser, die bunten Korallen auf dem weißen Sandboden und die vielen Fische – eine neue Welt öffnet sich! Sybille merkt kaum, dass Maike sie mal tiefer herunterzieht und mal wieder etwas höher. Sie hört das Blubbern, wenn sie ausatmet, aber sonst nichts. Sie spürt ihr Gewicht nicht, es ist als ob sie fliegt. Die Fische um sie herum haben keine Angst vor ihr, und so hat Sybille auch keine Angst vor ihnen.

Slowly the two start swimming underwater, into deeper water. Sybille doesn't even notice that she's not breathing fresh air anymore and that it's now coming from the bottle. Everything is so exciting, everything is so different. The blue water, the colourful corals on the white sand floor and so many fish – a new world opens up to her! Sybille hardly notices that Maike sometimes pulls her deeper and sometimes higher again. She hears the bubbling, when she exhales, but nothing else. She doesn't feel her weight, it's as if she is flying. The fish around her aren't afraid of her and so Sybille isn't afraid of them, either.

Maike drückt ihre Hand und zeigt nach vorne. Unglaublich - da schwimmt doch tatsächlich eine Schildkröte! Eine ganz große, fast einen Meter lang! Langsam paddelt sie voran, isst mal ein bisschen von dieser Koralle, dann von einer anderen. Die beiden Taucher sind ganz nah bei ihr, aber das große Tier lässt sich nicht stören. Sybille könnte laut jubeln, so etwas Schönes hat sie noch nie gesehen.

Maike squeezes her hand and points ahead. Unbelievable – there's a turtle swimming! A very big one, almost a meter long! Slowly, it paddles along, eats a bit from this coral, then from another. The two divers are close by, but the big animal isn't bothered. Sybille wants to cheer loudly, she has never seen something that beautiful.

Dann kommt der Sandboden auf einmal näher und näher - Maike schwimmt mit ihrer Schülerin wieder Richtung Strand. „Warum hören wir denn schon auf?" fragt Sybille, sobald ihr Kopf aus dem Wasser kommt. Maike lacht. „Weil wir gleich keine Luft mehr in den Flaschen haben, wir waren eine dreiviertel Stunde unter Wasser!" Eine dreiviertel Stunde? Sybille kann es kaum glauben. Es kam ihr vor wie zehn Minuten...

Then the sandy bottom is coming closer and closer – Maike swims back towards the beach with her student. "Why did we stop?", Sybille asks, when her head emerges. Maike laughs. "Because our bottles are almost out of air, we've been underwater for three quarters of an hour!" Three quarters of an hour? Sybille can hardly believe it. It seemed like ten minutes.

So etwas Tolles hat sie schon lange nicht mehr erlebt. Die Langeweile ist verflogen, Sybille weiß nun, was sie den Rest des Urlaubs machen wird. Sie wird sofort Tauchen lernen! Nie wieder wird ihr langweilig sein, ab jetzt wird es in jedem Urlaub Abenteuer geben!

It had been a long time since Sybille experienced something that awesome. The boredom is gone, Sybille knows what she's going to do for the rest of the vacation. She wants to learn how to dive immediately! She will never be bored again, and from now on, every vacation will be an adventure!

Marianne kann gerne mit Markus am Smartphone kleben - Sybille wird eine neue Welt entdecken!

Marianne can stick to her smartphone with Markus – Sybille will discover a new world!

Conclusion

"One language sets you in a corridor for life.
Two languages open every door along the way."

-Frank Smith

A new language can truly open new doors that you never thought existed. I hope this book was able to help you discover just that. A lot of effort has gone into the making and publication of this book, but knowing that I am paving the way for you to continue learning German — and have fun while you're at it — makes all the effort worthwhile.

After reading the ten stories found in this book, you should be making headway in learning German. You have learned hundreds of useful new vocabulary words to add to your memory bank, and you will find that your confidence while reading and writing has improved, too.

If you found this book to be helpful, you can support it by leaving a review on Amazon. Your feedback is truly appreciated and valued.

Thank you so much.

Instructions for Using the Audio

You will find that the links to the audio are provided within the stories in the e-book. This will make it easier and faster for you to access those MP3 files. For iPad users and non-dropbox users, however, here are additional instructions:

The link to download the MP3:

http://mydailygerman.com/mp3-german-stories-vol-1/

This product is completely compatible with all iOS devices but, due to the limited control of the file system in Apple devices, you will first need to download the files to your computer. Here are the steps.

1. Download to your computer
- Using either the download link you received in your email after your purchase or via your user account, download the .zip file to your computer.
- Note: These files can be large, so do not try opening the .zip file until your browser tells you that it has completed the download successfully (this usually takes a few minutes on a broadband connection ; if your connection is unreliable, it could take 10 to 20 minutes).

2. Expand the .zip file
- If your computer is setup to automatically expand .zip files upon download, then you will find a folder in your Downloads folder. Otherwise, just double click on the .zip file and it will automatically expand the file into a folder with the MP3 and PDF files.

3. Import the file in iTunes
- In iTunes, select the File > Add To Library menu item. Navigate to the folder where the Talk in German folder is and select all the MP3 files. Click Open.
- If your iTunes is set to its default options, it will copy all mp3 files into the iTunes Media Library.(To make sure the files are copied to

Instructions for Using the Audio

your internal library, go to iTunes > Preferences and click on the "Advanced" tab. You should see it below.)

4. **Sync your iPad/iPhone with iTunes/iCloud**
   - All your audio files should now appear in Learn German artist.

   Alternative:

   - You can also check out this video here: https://www.youtube.com/watch?v=a_1VDD9KJhc?
   - You can skip the first minute and twenty seconds of the explanation.

If you still face some issues, please contact me at contact@mydailygerman.com

With that, I thank you for purchasing this book and I hope you have a great time learning with these stories.

Thank you.

Trouble downloading the MP3? Contact Frederic at

contact@mydailygerman.com

Thank you again.

Made in the USA
Middletown, DE
30 August 2024